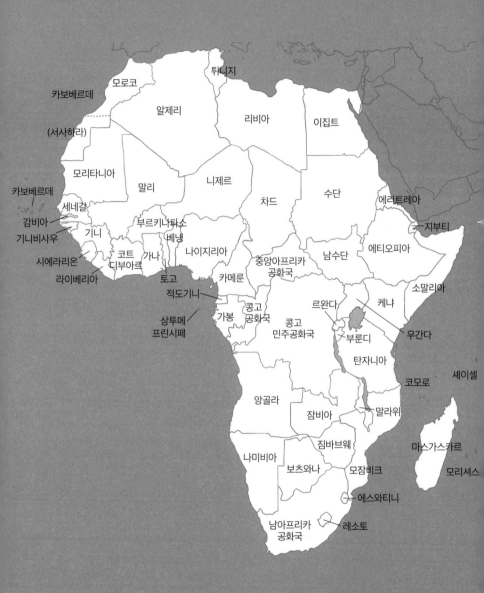

있는 그대로 알제리

있는 그대로 알제리

박연구원 지음

ALGERIA

초록비책공방

무언가 시간을 들여 알아간다는 것

처음 비행기에 몸을 싣고 알제리로 향하던 그날은 무척이나 추웠던 12월의 밤이었다. 비행기를 타고 러시아 어딘가의 상공을 지나가면서 문득 어린 시절 자주 읽던 《어린 왕자》의 작가 생텍쥐페리가 비행사였다는 사실을 떠올렸다. 아프리카 사하라 사막에서 우연히 어린 왕자를 만났던 그의 이야기처럼 나도 북부 아프리카의 낯선 나라 알제리에서 새로운 이야기와 마주할 것이라는 막연한 기대를 하고 있었던 것 같다. 비행기가 난기류를 만나 몇 번 흔들렸고 그때마다 괜히 긴장되기도 했다.

무사히 카타르 도하에 도착했다. 알제리행 비행편을 타기 위해 이동했고 그곳에서 히잡과 전통 옷을 입고 있는 알제리 사람들을 보았다.

'이제 정말 알제리에 가는구나.'

막연하게 생각하던 알제리를 그때 처음으로 마주하게 되었다. 그리고 또다시 몇 시간을 날아갔다. 쿵! 하고 비행기 바퀴가 알제리 땅을 딛는 소리가 났다. 흔들리는 기체 밖으로 낯선 모래 빛 건물들이 보이고 사람들은 박수를 치며 환호했다. 괜히 나를 반겨주는 것만 같은 기분이 들었다.

수속을 마치고 공항을 나서자 12월치고는 꽤나 뜨거운 태양이 기다리고 있었다. 태양에 익숙해지고 난 후에야 이국적인 풍경이 보이기 시작했다. 알베르 까뮈가 《이방인》에서 주인공이 '햇빛에 눈부셔서' 총을 쏠 수밖에 없었다고 묘사했던 것이 문득 떠올랐다.

얼굴을 비추는 햇빛이 어딘가 따가운 느낌이 들었다. 짐 때문이었는지 아니면 다소 두껍게 입은 옷 때문이었는지 그날 유독 땀을 많이 흘렸던 기억이 난다.

숙소로 가는 차 안에서 창밖 너머 주변 풍경에을 바라보았다. 스쳐 지나가는 건물 대다수가 마치 짓다가 만 듯한 모습이다. 나중에 안 사실이지만 알제리에는 건축법상 세금을 덜 내기 위해 마지막 층을 끝까지 짓지 않는 경우가 잦다고 한다. 철골이 그대로 드러나 있는 붉은 벽돌로 쌓아 올린 집들이 계속 눈에 들어왔다. 그리고 숙소에 도착했다. 그렇게 나는 알제리에서 두 번의 라마단을 보냈다.

"장미꽃이 네게 소중한 이유는 네가 장미에게 들인 시간 때문이야."

《어린 왕자》의 한 구절이 떠올랐다. 나에게 알제리가 소중한 것은 어쩌면 그 때문일지도 모르겠다. 처음에는 눈으로 알제리를 만났고 점점 가슴으로 알제리를 알아갔다. 알제리에서의 시간은 때로는 가슴 사무치게 외롭거나 슬펐고 때로는 한

없이 즐거웠다.

이방인의 눈으로 바라본 알제리는 많은 것이 새로웠다. 이제야 좀 익숙해지려는 찰나 한국으로 돌아왔다. 좋았던 기억도 좋지 않았던 기억도 조금씩 무뎌져서 좋았던 것은 좋았던 대로 좋지 않았던 것도 좋지 않았던 대로 추억이 되어 가끔씩 떠오른다.

'호야'는 알제리에서 남자 손윗사람을 부를 때 쓰는 말이다. 우리말로 '행님' 정도가 아닐까 싶다. 어느 가게를 가든지 우연히 누군가를 만났을 때 '호야'라는 한마디면 금세 친구가 되고 형제가 된다. 단순히 그 말을 사용했기 때문이 아니라 그 말속에 담긴 그들의 삶의 방식을 이해하고 있다는 의미이기 때문이다. 알제리에서 지내는 동안 많은 호야와 친구가 되었고 형제가 되었다.

한국에 돌아와 아프리카 연구를 시작했다. 알제리에서 나누었던 교감이 아프리카를 이해하고 좋아하는 근간이 되었다. 지금은 아프리카를 좀 더 알기 위해 모로코에 나와 있다. 모로코의 모습 속에서 알제리를 발견하기도 하고 또 위치적으로는 가까운 두 나라가 실제로는 얼마나 다른지를 확인하며 새삼 놀라곤 한다. 창문을 열면 모로코의 햇빛과 바람이 피부에 닿는다. 알제리에서 느꼈던 그 햇살을 모로코의 파란 하늘에서도 느낄 수 있다. 따스한 햇살과 그 햇살을 머금고 자라난 과일에서 북부 아프리카 지역이 얼마나 축복받은 땅인가 싶다가도 어쩌면 그래서 힘든 역사를 갖게 된 건 아닐지 다시금 생각에 잠긴다.

이 책을 펼친 여러분이 떠올리는 아프리카 또는 알제리는 어떤 느낌일까? 한국에서는 아프리카를 소개하는 책이 거의 없다. 있어도 학술적으로 접근하는 방식이어서 아쉬운 부분이 많았다. 첫 만남부터 너무 많은 것을 말해주려고 하면 지레 부담을 느낄 수 있다. 그래서 나의 친한 친구를 소개하는 마음으로 이 책을 썼다. 아직은 어색하겠지만 이 책을 다 읽을 즈음이면 알제리라는 친구와 꽤 가까워질 것이라고 믿는다.

우리는 이미 알제리에 대해 꽤 알고 있다. 다만 알고 있는 것이 알제리에 대한 것이라는 사실을 모르고 있을 뿐이다.

축구를 좋아하는 사람들이라면 누구나 아는 지네딘 지단이나 킬리안 음바페가 알제리 핏줄이라는 것을 알고 있는가? 자동차를 좋아하는 사람은 폭스바겐의 투아렉이라는 자동차를 알고 있겠지만 그 어원이 알제리의 유목 민족이라는 것을 아는 사람은 많지 않을 것이다. 노벨 문학상 수상자이자 프랑스 현대 소설의 거장 알베르 까뮈가 프랑스계 알제리 이민자이고 그의 소설의 배경이 알제리라는 것도, 132년 동안 오랜 식민 지배를 받고 독립을 위해 수없이 내전을 겪은 알제리가 우리와 같은 아픔을 가지고 있다는 것도 잘 모를 수 있다.

하지만 이렇게 나열해보면 지금껏 어떻게 생각했든 알제리는 생각보다 매력 있는 나라라는 것을 알게 될 것이다.

차 례

1부 라베스! 알제리

2부 알제리 사람들의 이모저모

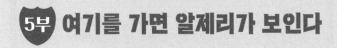

5부 여기를 가면 알제리가 보인다

퀴즈로 만나는
알제리

알제리에 대한 가장 기본적인 정보를 퀴즈를 통해 알아보자. 정답을 맞히지 못하더라도 퀴즈를 풀다 보면 알제리에 대한 호기심이 조금씩 생길 것이다.

Q1.

알제리는 북부 아프리카에 있다.
다음 중 알제리의 위치는
어디일까?

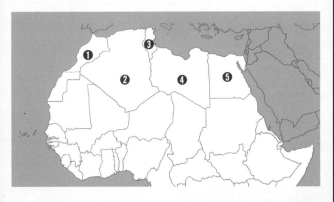

Answer. ❷ 알제리

알제리는 북부 아프리카에 있으며 아프리카에서 가장 큰 영토(238만 1,741제곱킬로미터)를 가지고 있다. 북쪽으로는 지중해와 접해 있으며 남쪽으로는 뜨거운 사하라 사막이 펼쳐져 있다. 알제리가 중동이라고 오해하기도 하고 리비아를 알제리라고 알고 있는 사람도 있다.

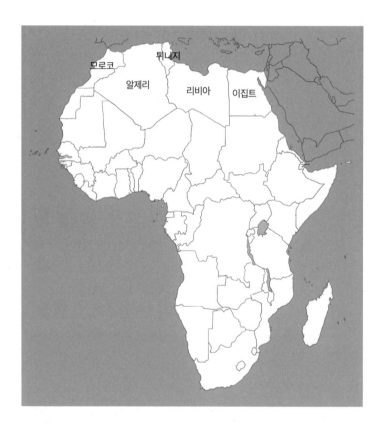

Q2.

다음 중 알제리와
관련이 없는 사람은 누구일까?

❶ 지네딘 지단
❷ 알베르 까뮈
❸ 이브 생 로랑
❹ 자크 데리다
❺ 베르나르 베르베르

Answer. ❺ 베르나르 베르베르

축구 선수인 지네딘 지단은 프랑스 마르세유에서 태어났지만 부모님
이 알제리 출신이고, 《이방인》으로 잘 알려진 작가 알베르 까뮈, 패션
의 거장 이브 생 로랑, 현대 철학 중 해체주의로 유명한 자크 데리다 모
두 알제리에서 태어났다. 베르베르족은 알제리 토속 민족을 의미하지
만 베르나르 베르베르*Bernard Werber*의 이름과는 아무런 관련이 없다. 심
지어 철자도 다르다.

● (왼쪽부터) 자크 데리다, 이브 생 로랑, 알베르 까뮈, 지네딘 지단

"

알제리는 아프리카에서 가장 큰 나라이다.
알제리의 크기는 한반도의 몇 배일까?

❶ 4배　　❷ 6배　　❸ 8배　　❹ 10배　　❺ 12배

"

Answer. ❹ 10배

알제리의 면적은 238만 1,741제곱킬로미터이며 한반도는 22만 748제곱킬로미터로 10배보다 조금 더 크다. 심지어 알제리의 행정 구역 중 우리나라 도(道)에 해당하는 윌라야*Wilaya* 중에는 프랑스 영토보다 큰 곳이 있다. 하지만 알제리의 인구는 2020년 기준 4,385만 명으로 한국보다 800만 명가량 적다. 알제리 사람들은 척박한 사하라 사막 지역보다는 북부 지중해 연안 도시 지역에 거주하고 있다.

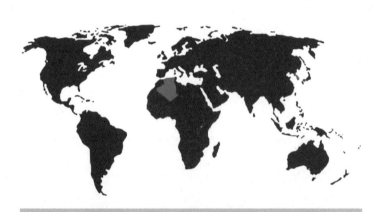

● 알제리의 크기는 한국의 약 10배이다.

Q4.

알제리는 우리처럼 식민 지배를 받은
아픈 역사를 가지고 있다.
1830년부터 시작된 프랑스의
식민 지배에서 독립한 해는 언제일까?

❶ 1932년　　❷ 1945년　　❸ 1962년
❹ 1973년　　❺ 1988년

Answer. ❸ 1962년

알제리는 1945년 2차 세계대전이 끝나고도 프랑스의 지배에서 벗어나지 못했다. 프랑스 입장에서 알제리는 중요한 영토였기 때문이다.
알제리는 많은 사람이 희생된 알제리 전쟁을 통해 1962년 7월 5일 독립했다. 프랑스는 132년 동안이나 알제리를 식민 통치하면서 알제리 사람들을 2등 시민으로 취급해왔고, 알제리 사람들은 갖은 탄압 속에서도 그들의 고유 문화를 지키기 위해 노력했다.

● 알제리 독립기념탑

Q5.

알제리를 대표하는 동물이자
알제리 대표팀의 마스코트는 무엇일까?

❶ 코끼리   ❷ 사막여우   ❸ 낙타
❹ 양   ❺ 기린

Answer. ❷ 사막여우

알제리의 상징은 사막여우이다. 사하라 사막을 배경으로 쓴 생텍쥐페리의 《어린 왕자》에 사막여우가 등장하는 것은 우연이 아니다.

아프리카 대륙에 있다는 이유만으로 알제리에 코끼리나 기린이 많다고 오해하는 경우가 있다. 물론 자료에 따르면 북부 아프리카에도 숲에서 사는 코끼리종이 있었다고 한다. 로마와 카르타고 간의 전투 이야기를 보면 한니발 장군이 코끼리 부대를 기용했다는 이야기가 나온다. 북부아프리카숲코끼리인데 로마와의 전쟁에서 지고 난 후 멸종했다고 한다.

● 알제리의 대표 동물 사막여우

1부

라베스! 알제리

거센 강은 건너도
고요한 강은 건너지 마라.

아프리카에서 가장 큰 나라

우선 세계 지도를 펼쳐보자. 그다음 우리나라에서 서쪽으로 손가락으로 쭈욱 그어보자. 중국과 넓은 러시아를 지나서 동유럽 나라와 독일을 거쳐 프랑스까지 오면 일단 멈춘다. 그리고 프랑스 아래로 내려가면 알제리를 만날 수 있다.

한국에서 프랑스까지의 실제 거리는 상당하지만 그래도 프랑스라는 나라는 익숙하다. 거기에서부터 출발하는 게 어떨까? '멀긴 하지만 생각보다 유럽에서 멀지 않네?'라고 생각했다면 일단 알제리에 대한 심리적 거리감에서 벗어날 수 있다.

우리는 막연히 유럽보다 아프리카를 멀다고 생각한다. 우리나라에서 아프리카까지의 물리적 거리는 유럽과 별반 다르지 않다. 다만 항공편이 적다 보니 가기에 쉽지 않은 것은 사실이다.

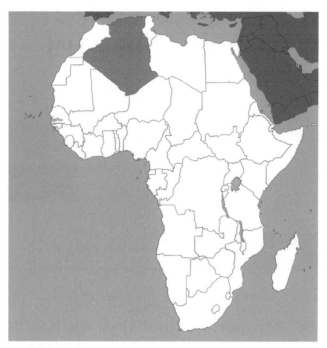

● 알제리의 위치

아프리카 대륙에는 50개가 넘는 나라가 있다. 어떤 나라는 우리나라와는 비교가 되지 않을 정도로 크지만 또 일부는 우리나라보다 작기도 하다. 크기도 다양하지만 각자의 문화도 다양하다.

전 세계 나라가 200개도 안 되는데 그중 약 4분의 1 이상이 아프리카에 있고 저마다 독특한 색깔을 가지고 있다. 그러니까 단순히 아프리카 나라들이 모두 똑같다고 생각하면 안 된다. 한국, 중국, 일본이 서로 다른 것처럼, 더 넓게는 동북 아시아와 동남 아시아가 다른 것처럼 같은 대륙 안에서도 다양한 문화가 공존하는 것은 당연하다.

아프리카를 여행하고 온 주변 사람들을 보면 여행지에서 중국어로 인사를 건네는 게 기분 나빴다고 하는 경우가 있다. 하지만 아프리카 현지인에게 한국은 낯선 나라이고 어쩌면 그들은 한국 사람들도 중국어로 소통한다고 생각했을 수 있다. 우리가 막연히 알제리 사람들은 아랍어로 말한다고 생각하는 것처럼 말이다. 물론 알제리 사람들의 국어는 아랍어이다. 하지만 정확하게는 중동 지역에서 쓰는 아랍어가 아니고 알제리를 포함한 북부 아프리카 마그레브 지역에서 쓰는 방언(데리자)이 국어이다. 한자를 어원으로 한다고 해서 한국어, 중국어, 일본어가 같은 언어가 아니듯 아프리카에는 유사하면서도 다양한 문화적 요소가 상존한다.

그렇다면 그 많은 아프리카 나라 중에서 가장 큰 나라는 어디일까? 눈치 빠른 사람은 질문을 듣자마자 '알제리'가 정답이라는 것을 알았을지도 모르겠다. 옛날에 세계지리 공부를 열심히 했던 사람이라면 수단이 아프리카에서 제일 큰 나라라고 알고 있을 것이다. 완전히 틀린 말은 아니다. 수단이 지금처럼 수단과 남수단으로 분리되기 전까지만 해도● 아프리카에서 가

───────────────

● 2011년 7월 9일 수단 남부 10개 주가 수단에게서 독립했다.

장 큰 나라는 수단이었다. 하지만 남수단이 독립한 이후 알제리는 아프리카에서 가장 크고 세계에서 열 번째로 큰 나라가 되었다. 알제리는 동쪽으로는 튀니지, 리비아와 가깝고 남쪽으로는 말리, 니제르와 닿아 있으며 서쪽으로는 모로코, 모리타니아와 접해 있다.

알제리라고 하면 중동 국가의 이미지가 강하지만 알제리 북부에 있는 지중해만 건너면 스페인과 프랑스와도 가깝다. 프랑스 파리에서 알제리 수도 알제까지의 거리는 서울에서 도쿄까지의 거리와 비슷하다. 대다수의 국민이 기후가 좋은 북부 지중해 연안 지역에 살고 있으며 사하라 사막과 접해 있는 남부로 갈수록 초원 지대가 줄어들고 환경이 척박해 사람이 거의 살지 않는다.

말로만 설명하면 감이 오지 않을 수 있으니 지도에서 알제리와 우리나라를 살펴보자. 알제리의 최북단과 최남단까지의 거리는 대략 우리나라 울산광역시 즈음에서 시작해서 필리핀 북부에 닿을 정도의 거리이다.* 알제리 최서단에서 최동단까지의 거리는 해남 땅끝마을에서 도쿄까지의 거리보다 조금 더 길다. 이제 머릿속에 알제리의 크기가 대략적으로나마 그려졌는가? 나도 이번 기회에 지도를 유심히 바라보았는데 나조차도 알제리를 생각보다 작게 생각하고 있었던 것 같다.

---

* 알제리는 서경 9도~동경 11도, 북위 19도~38도에 자리 잡고 있다.

● 알제에서 한 시간쯤 떨어진 로마 유적지 티파자. 알제리 북부는 지중해를 접하고 있어
사막의 이미지와는 거리가 멀다.

● 알제리의 모래 빛 광활한 영토. 알제리 국토의 많은 부분이 사막이다.

● 알제리와 한국의 크기와 거리 비교

　알제리의 위치도 찬찬히 살펴보자. 알제리라고 하면 먼저 사막이 떠오르는데 첫 이미지와는 다르게 북부 지역은 지중해와 맞닿아 있다. 덕분에 북부 해안 도시들은 상대적으로 온화한 지중해성 기후를 띠며 남부 내륙으로 가면서 모래 빛의 광활한 사하라 사막을 만나 기후가 변한다.

　알제리 사람 대다수가 지중해성 기후를 띠는 북부 지역에 살고 있다는 점을 감안하면 그들에게조차 사하라 사막 같은 뜨거운 기후는 조금은 낯설다고 볼 수 있다. 아마 서울 사람이 부산이나 광주에 대해 어렴풋이 알고 있는 것과 비슷할 것이다. 수도 알제와 항구 도시인 오랑 인근에 살았던 나에게 알제리를 떠올리라고 한다면 사막의 모래 지대보다는 바닷가에서 수영하고 어업을 하는 모습이 먼저 떠오르는 게 당연하다.

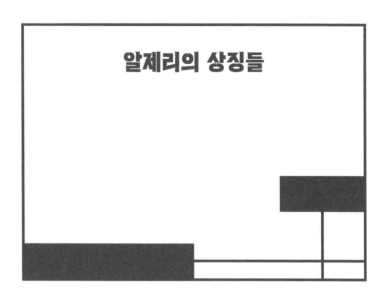

알제리의 상징들

알제리의 국기와 국장

한 나라를 정의하는 것은 쉽지 않다. 말로도 설명하는 것이 힘든데 그것을 그림으로 설명하려고 한다면 꽤나 골치 아픈 일일 것이다. 국기와 국장이라는 것이 그렇다. 한 나라가 스스로를 정의하는 그림이니 분명 수많은 사람의 고민과 논의의 과정에서 정해졌을 것이다. 그렇기 때문에 국기와 국장을 먼저 들여다보고자 한다. 왜 알제리 사람들은 스스로를 이렇게 정의했을까?

알제리의 국기

우선 알제리의 국기를 떠올려보자. 알제리의 국기를 당장 그릴 수 있는 사람은 많지 않을 것이다. 어렴풋이 떠오르는 정도만으로도 괜찮다. 색깔만이라도 떠올렸다면 훌륭하다. 그 상태에서 이제 국기를 바라보자. 생소하면서도 어디선가 본 것처럼 익숙하다. 중동이나 이슬람 문화를 공유하는 나라의 국기 특성을 알제리 국기도 갖고 있기 때문이다.

대부분의 이슬람 문화권 국기에서는 초록색 바탕에 별과 초승달을 쉽게 찾아볼 수 있다. 초록색은 이슬람을 상징하는 색깔이다. 초원이 거의 없는 중동 지역에서 초록은 생명을 의미하는 색깔이자 풍요를 상징했다. 더 나아가 낙원을 의미하고 나중에는 무함마드 선지자를 나타내는 색이 되었다.

별과 초승달도 무함마드 선지자와 깊은 관련이 있다. 무함마드 선지자가 세력을 키워나가자 기존 세력들이 이를 곱게 보지 않았다. 이 때문에 무함마드 선지자는 메카에서 메디나로 피신하는데 그때가 이슬람의 원년이 되어 '헤지라Hegira'라고 부르게 되었다. 이때 무함마드 선지자를 보호해준 것이 초승달과 별이었다는 이야기가 전해지고 있지만 그와 관련된 코란의 내용은 확실하게 찾을 수 없어 여러 의견이 분분하다. 다만 확실한 것은 초승달은 이슬람교를 믿는 사람에게 절기의 변화를 알려줌과 동시에 종교적 행사의 시작과 끝을 알려주는 중요한 기준

이기 때문에 그러한 상징성
이 아직까지 남아있는 것으
로 보고 있다.[1]

● 알제리 국기

알제리 국기에 있는 별과
초승달은 이슬람교의 영향
도 있지만 알제리 독립에 큰
영향을 끼친 '북부 아프리카의 별*ENA, Étoile nord-africaine*'이라는 단
체의 상징이기도 하다. 이 단체가 해체된 후에도 북부 아프리카
의 별과 초록색 그리고 흰색의 이미지는 알제리 독립의 상징으
로 남았고, 알제리 민족해방전선*FLN, Front de libération nationale*의 상
징이 되었다. 이후 이 상징은 독립운동의 이미지로 사용되었고
결국 알제리의 국기가 되었다.

알제리 국기에 있는 초록색은 비옥한 토양과 풍요를 뜻하고,
흰색은 평화를 의미한다. 붉은색 별과 초승달은 이슬람 문화를
상징하기도 하지만 독립운동을 주도한 단체들의 희생을 계승
한다는 의미를 갖는다.

알제리의 국장

알제리의 국장에서도 국기와 비슷한 이미지를 확인할 수 있
다. 국장의 배경에는 아틀라스 산맥이 있고 그 위쪽으로 태양이

● 알제리 국장

떠오르고 있다. 이는 새로운 시대를 의미한다. 산맥 아래쪽에는 식물과 공장으로 보이는 건물이 그려져 있는데 식물은 북부 아프리카의 주요 작물인 올리브로 농업을 의미하고, 공장은 산업을 상징한다. 농업과 공업을 발전시켜 새 시대의 발전된 국가를 만들겠다는 의지가 느껴지는 국장이다.

알제리의 대표 동물, 사막여우

어릴 적 누구나 한 번쯤은 생텍쥐페리의 《어린 왕자》를 읽어 본 적이 있을 것이다. 생텍쥐페리는 비행기 조종사 시절 북부 아프리카 지역을 비행하다가 조난을 당했다는데 그때의 기억으로 쓴 소설이 《어린 왕자》이다.

소설에서 어린 왕자의 소중한 친구는 장미꽃과 사막여우이다. 장미꽃이 어린 왕자의 예전 기억을 회상하면서 나타나는 과거의 상징이라면 사막여우는 현재의 어린 왕자에게 소중한 친구이다. 사막여우가 소설에 등장하는 이유는 생텍쥐페리의 사하라 사막 조난과 관련 있다. 큰 귀와 앙증맞은 크기로 사랑받는 사막여우는 사하라 사막을 대표하는 동물이기 때문이다.

● 사막여우는 알제리 축구 대표 팀의 상징이다.

    사막여우는 알제리를 대표하는 동물로도 유명한데 바로 알
제리 축구팀의 마스코트이기 때문이다. 알제리 축구팀의 경기
에서는 사막여우 인형 탈을 쓴 사람들을 종종 볼 수 있다. 뉴
스에서는 알제리 축구 대표 팀을 '사막여우들'이라는 애칭으로
부르기도 한다.

    사막여우는 '페넥여우'라고도 불리는데 대부분 북부 아프리
카 사하라 사막 인근 지역에 살고 있다. 우리가 흔히 중동이라
고 부르는 아라비아반도에서는 발견되지 않으며 아틀라스 산
맥에서 사헬 지대까지의 더운 사막 지형에서 산다. 크게는 리
비아부터 모로코까지 이어지는 사막 지대에서 거주하는 것으

로 알려져 있다.

사막여우는 개과 여우속에 속하는 야행성 동물로 그중에서 크기가 가장 작다. 주로 작은 곤충이나 동물들을 잡아먹으며 사막기후에서 효과적으로 체온을 조절하기 위해 큰 귀를 가지게 되었다. 아직 멸종 위기종은 아니지만 귀여운 외모와 모피로 인해 개체 수가 계속 줄어들고 있어 관심 필요종에 속한다.

알제리의 국가

군가에서 국가가 출발한 나라가 꽤 있다. 프랑스 혁명 당시 마르세유에서 진격하면서 부른 군가가 프랑스의 국가가 된 것처럼 국가의 사활을 건 전투 속에서 목숨을 걸고 부른 노래가 국가가 되는 것은 어찌 보면 당연한 일인지도 모르겠다.

우리나라의 경우 임시정부에서 부르던 노래가 애국가로 발전하기도 했다. 알제리의 국가 또한 알제리 독립 과정에서 만들어졌으며 군가를 기본으로 한다. 현지어로는 '카사망Kassaman'이라고 부르며 '서약'을 의미한다. 독립을 위해 싸우겠다는 결연한 의지를 보여주는 노래이다.

알제리의 국가는 이집트의 작곡가 무하메드 파우지Mohamed Fawzi가 만든 곡에 알제리의 시인이자 독립운동가였던 무프디 자카리아Moufdi Zakaria가 쓴 가사로 만들어졌다. 무프디 자카리아

● 무프디 자카리아　　　　　　● 무하메드 파우지

는 우리나라의 시인 이육사와 같은 인물로 수차례 옥살이를 하면서도 조국의 독립을 주장하는 글을 썼다.

　알제리의 국가는 그가 알제의 세르카지 감옥에 복역 중이던 1955년에 쓴 〈서약〉이라는 시를 기반으로 만들어졌다. 글을 쓸 펜조차 없던 상황에서 감방 벽에 자신의 피로 가사를 썼다고 전해진다. 당시 50명이 넘는 독립운동가가 세르카지 감옥에서 형장의 이슬로 사라졌다. 죽음이 눈앞에 있는 그런 상황에서 필기구 없이 자신의 피로 독립을 노래하는 시를 썼다는 건 얼마나 위대한 일인가.[2]

　다음의 카사망 가사를 읽어보자. 결의에 찬 독립에 대한 의지가 느껴진다.

Nous jurons! par les tempêtes dévastatrices abattues sur nous
맹세하리라. 우리를 덮치는 파괴의 폭풍우에

Par le sang noble et pur généreusement versé
고귀하고 헌신적으로 흐르는 순결한 피에

Par les éclatants étendards flottant au vent
바람에 흔들리는 빛나는 깃발에 우리는 맹세하리라

Sur les cimes altières de nos fières montagnes
우뚝 솟은 우리의 자랑스러운 산맥의 정상에서

Que nous nous sommes dressés pour la vie ou la mort
생사에 맞서 일어서리라

Car nous avons décidé que l'Algérie vivra
알제리의 존속을 우리가 결의하노라

Soyez-en témoin ! Soyez-en témoin ! Soyez-en témoin!
이에 우리의 증인이 되어라! 우리의 증인이 되어라! 우리의 증인이 되어라!

알제리 국가 듣기

계절별 특색이 뚜렷한
알제리의 기후

한국과는 다른 알제리의 겨울

알제리에 산다고 하면 자주 듣는 말이 있다.

"알제리는 겨울에 안 추워서 좋겠다."

맞는 말이다. 내가 처음 알제리에 도착했던 때는 12월. 한국보다 따뜻할 거라고 생각했지만 그래도 겨울이니까 가을 옷을 입고 출국했었다.

하지만 예상과는 다르게 알제리에 도착하니 더워서 땀이 송골송골 맺혔다. 알제리의 겨울은 한국처럼 영하로 떨어지거나 두꺼운 패딩 점퍼를 입을 정도의 추위는 아니다. 그렇지만 아무리 알제리가 한국보다 따뜻하다고 해도 겨울은 겨울이다. 알

● 11월 초 행사장의 사람들 옷차림만 봐도 추운 계절의 느낌은 들지 않는다.

제리의 겨울은 그 나름대로 춥다. 아주 정확하게는 한국의 겨울과는 다른 알제리만의 추위가 있다.

　알제리의 겨울 하면 유독 많이 내리는 비가 떠오른다. 내가 살던 지역은 지중해를 끼고 있는 알제리 북부 지역으로 12월부터 2월 정도까지 강한 바람을 동반한 비가 자주 내렸다. 낮에는 햇빛이 반짝하고 괜찮다가도 새벽쯤 되면 어김없이 비가 내리곤 했다. 그런 밤이면 영상의 날씨가 무색할 정도로 오들오들 떨다가 잠들었던 기억이 난다. 젖은 옷을 입었을 때 온몸이 떨리는 것과 비슷한 추위라고나 할까? 알제리의 겨울은 절대적 온도로는 설명이 안 되는 습한 추위라는 게 있다.

　한국만 해도 남부와 북부 지역의 기온 차이로 인해 봄에 꽃이 피는 시기가 다른데 광활한 영토를 가진 알제리라면 그 차이가 얼마나 더 극적일까?

알제리 북부 지역은 지중해성 기후이고 남부 지역은 사하라 사막과 닿아 있어 대부분 사막 기후이다. 지중해성 기후라고 하면 흔히 그리스나 이탈리아의 뜨거운 햇살과 바다를 상상할 것이다.

알제리의 기후도 지중해성 기후이니 이와 비슷하지 않을까? 반은 맞고 반은 틀리다. 지중해를 아래에 두고 있는 서유럽과 북쪽 지중해 그리고 남쪽 사하라 사막 사이에 끼어있는 알제리의 기후는 같은 지중해성 기후라도 상당히 다르다.

알제리는 우리나라보다 10배는 더 큰 나라이다. 단순히 북부 아프리카는 지중해성 기후이니까 겨울이 춥지 않을 거라고 생각하거나 알제리는 사막 국가이니 모든 지역이 사막일 거라고 오해하면 안 된다. 지중해성 기후인 북부 지역에서도 티지우주 같은 지역은 높은 산지가 있어 겨울에 눈이 내리기도 한다. 최근에는 기상 이변으로 사하라 사막에 눈이 오기도 했다. 지중해성 기후의 가장 큰 특징을 찾아보면 여름은 고온 건조하고 겨울은 온난 다습하다고 되어 있지만 북부 아프리카에서 살아보니 지중해성 기후이기 때문에 겨울이 온난 다습하다는 말은 온전히 납득하기 힘들었다.

쾨펜 기후 구분법에 따르면 가장 추운 달의 평균 기온이 영하 3~18도 사이이면 지중해성 기후이다. 알제리는 1월 최저

● 따뜻한 봄철 알제리 들판에는 이름 모를 봄꽃으로 가득찬다.

기온이 수도 알제 기준으로 7~10도 정도인데 수치상으로는 겨울이 상당히 겨울이 따뜻한 나라이지만 피부 속까지 파고드는 듯한 습한 추위가 있다. 그리고 그 원인으로는 비가 큰 부분을 차지한다.[3]

알제리는 겨울이 우기라서 보통 12월에서 2월 정도까지 비가 자주 온다. 특히 2~3년에 한 번씩 1월에 예상치 못한 폭우가 쏟아져 배수 시스템이 잘 갖추어지지 않은 지역은 침수를 겪기도 한다. 한국의 긴 장마와는 달리 알제리의 우기는 주로 새벽 시간에만 비가 쏟아진다. 해가 쨍쨍하다가도 어디선가 비구름이 몰려와 언제든 비가 내려도 이상하지 않을 것 같은 습한 겨울을 떠올리면 그 이미지가 비슷할 것 같다.

겨울철 비가 많이 오는 북부 지역에 비해 내륙으로 갈수록 강우량이 적어진다. 사하라 사막의 초입이라고 불리는 비스크라 즈음부터는 1년 내내 비가 거의 오지 않는다. 그래서 대추야자• 농작에는 도움이 된다.

최근에는 기후 변화 때문에 이러한 계절적 특성이 잘 나타나지 않을 때도 있다. 겨울에 비가 잘 내리지 않다가 3월 말이나 4월이 되어서야 비가 내리기도 한다. 이러면 봄철 농작물

• 야자나무 열매인데 대추와 흡사하게 생겨서 한국에서는 대추야자로 알려져 있다. 대추야자는 뜨거운 햇빛을 받아야 곶감처럼 맛있게 익는다. 사막 지역에서 대추야자는 열량 보충에 큰 도움을 준다.

작황에 큰 문제가 생겨 물가가 크게 오른다. 2022년에 특히 심각했는데 가뭄, 코로나19, 우크라이나 전쟁 등 여러 요소로 물가가 크게 상승했다.

햇빛이 강한 알제리의 여름

알제리의 여름 하면 눈부신 태양이 먼저 떠오른다. 수도인 알제는 그나마 북부 해안 지역이라 덜 덥지만 그럼에도 뜨겁게 쏟아지는 햇빛에 고생했던 기억이 난다. 서울의 여름 역대 최고 온도는 38도대였다. 그렇다면 알제의 역대 여름 최고 온도는 얼마나 될까? 알제는 8월에 47도를 기록한 적이 있다. 물론 남부 사하라 지역은 50도를 넘기기도 한다.

한번은 오랑 근처 모스타가넴 지역의 해수욕장에 간 적이 있다. 끝없이 펼쳐진 모래사장의 아름다움도 기억나지만 모래가 어찌나 뜨겁던지 발에 물집이 올라와 고생했다. 40도를 웃도는 날씨에 지면에 반사되어 스멀스멀 올라오는 뜨거운 열기. 외출하려 고민하다가 안 나가게 되는 날이 부지기수였다.

게다가 알제리에서는 선글라스를 착용하지 않고 밖을 돌아다니기가 어렵다. 햇빛뿐 아니라 도로에서 반사되는 빛 때문에 밖에 오래 있으면 눈이 아프다. 알제리의 인도 포장재는 청소하기 쉬운 석재 포장이 많아서 빛을 심하게 반사한다. 게다

● 여름 오후 시간대에는 사람들이 많이 돌아다니지 않는다.

가 흰색 건물이 많아 사방에서 빛 반사가 일어난다. 눈이 아플 정도이니 피부는 더 말할 것도 없다.

여름에는 반소매보다는 얇은 긴소매 옷을 입고 다니는 게 현명하다. 직접 햇빛을 쬐는 것보다는 한 겹이라도 옷으로 막아주는 게 훨씬 시원하기 때문이다. 아무리 선크림을 열심히 바르고 긴소매 옷을 입어도 햇빛이 닿는 피부 부위는 진한 갈색으로 타게 된다.

그나마 다행인 것은 알제리의 여름은 습하지는 않다. 건물 안이나 그늘에 있으면 금방 시원해지는 느낌을 받는다. 한국과 같은 열대야 또한 거의 없다. 이런 이유로 건물에 에어컨이 없는 경우가 많다. 여름에 카페를 가면 온실같이 더운 실내보다 그늘지고 바람 부는 테라스 쪽 자리를 선호하는 모습을 볼 수 있다.

뜨겁고 강력한 열풍, 셰힐리

겨울철 프랑스 남부 지역에는 '미스트랄*Mistral*'이라고 불리는 차갑고 건조한 바람이 분다. 한국의 겨울은 시베리아 고기압 영향으로 춥고 건조하지만 여름은 오호츠크해 기단의 영향으로 장마가 온다. 이처럼 계절풍은 계절의 특색을 강화시키는 역할을 한다.

알제리의 봄과 가을에는 우리나라의 황사와 비슷한 열풍이 분다. 유럽에서는 시로코*Sirocco*, 알제리나 튀니지에서는 셰힐리*Shehili*, 모로코에서는 셰르기*Chergui*라고 부른다. 열풍이 부는 이유는 여러 가지가 있겠지만 일반적으로는 사하라 사막의 뜨거운 바람이 지중해의 저기압으로 인해 북상하여 발생한다. 이 열풍은 사막의 모래먼지를 동반한다. 최대 풍속이 초속 30미터에 달해 가로수가 쓰러지거나 창문이 깨질 정도다. 비 대신 모래바람이 부는 태풍이라고 생각하면 된다.

셰힐리의 영향을 심하게 받는 곳은 알제리 중부 내륙 지역이다. 사하라 사막과 가깝고 지형적으로 바람을 막아줄 것이 없어 우리의 황사와는 비교도 안 되는 심한 모래폭풍을 겪는

● 셰힐리가 불면 사막의 모래 먼지가 대기 중에 가득 차 하늘이 붉게 물든다.

다. 모래폭풍이 불 때면 뿌연 모래 먼지로 가득한 하늘이 핏빛 붉은 색을 띠고 있어 공포스럽기도 하다. 상황이 이렇다 보니 아무리 열심히 막는다고 해도 집 안은 모래 먼지로 가득해진다.[4]

이와 반대로 알제리 북부 지역은 지리적으로 축복받은 땅이다. 아틀라스 산맥이 사하라 사막에서 불어오는 뜨거운 바람을 막아주는 방파제 역할을 하기 때문이다. 사하라 사막에서 넘어온 바람은 아틀라스 산맥을 따라 튀니지 쪽으로 빠져나간다.

덕분에 대부분의 뜨거운 열기는 알제리 북부까지 닿지 않는다. 그렇지만 산맥을 넘어오는 고온 건조한 바람의 영향은 있다.

현지인들은 외출할 때 꼭 창문을 닫는다. 방 안 가득 모래 먼지로 뒤덮일 수 있기 때문이다. 알제리 중부나 남부 지역은 심각한 모래 폭풍으로 1~2미터 앞도 제대로 볼 수 없어 터번이 꼭 필요한 지역도 있다.

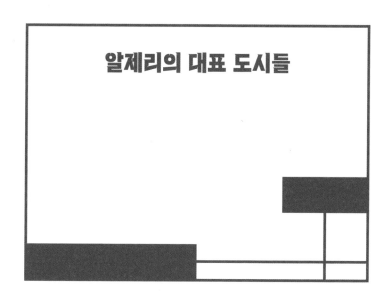

알제리의 대표 도시들

알제리의 수도, 알제

알제리라는 이름은 수도 알제에서 비롯되었다고 한다. 13세기부터 수도 알제는 지금의 이름과 유사하게 알제지라, 지제라라고 불렸다.

알제의 어원에는 두 가지 설이 있다. 하나는 알제가 아랍어 '알제지라'에서 온 말이라는 것이다. 알제지라는 아랍어로 '섬' 혹은 '반도'를 뜻하는데 알제 항구 맞은편에 작은 섬이 있어 '섬이 보이는 지역'이라는 뜻에서 알제지라라고 불리다가 지금의 '알제리'로 고착되었다는 것이다. 참고로 아랍권에서 가장 유명한 방송사인 알자지라 방송과 동일한 발음이기도 한데 여기에서 알자지라는 '카타르반도'를 의미한다고 한다.

또 다른 설은 현재의 알제리 북부 지역을 지배했던 베르베르 왕조의 이름인 '지리드' 왕조의 이름에서 왔다는 것이다. 지리드 왕조는 10세기부터 11세기까지 북부 아프리카 지역을 지배하던 왕조인데 당시 알제 지역을 중심으로 왕조가 세워졌다고 한다. 현재 알제 시내에 있는 카스바 지역도 지리드 왕조 때 형성된 주거 단지가 발전해서 만들어진 것이라 주장하는 사람도 있다.

모든 나라의 수도와 마찬가지로 알제에는 많은 인구가 거주한다. 알제리 통계청에 따르면 알제에만 310만 명 이상이 살고 있으며 알제 인근 지역까지 합치면 약 770만 명이다. 서울과 비교하면 생각보다 적다고 할 수 있지만 알제리가 한반도의 10배인 것을 감안하면 수도 지역에만 알제리 인구의 여섯 명 중 한 명이 거주하고 있는 것이니 인구 밀집도가 상당한 셈이다.

하지만 인구 밀집도에 비해 대중교통은 좋지 않다. 정류장이 있는 지역도 있지만 대다수 지역은 대중교통이 좋지 않다. 버스가 있다 해도 운행 간격이 길고 부정확하며 탑승한다고 해도 자리가 없는 경우가 많아 자가용이나 택시로 출퇴근하는 사람이 많다. 이 때문에 출퇴근 시간에는 엄청난 교통 체증이 일어난다. 게다가 대부분이 노후 차량이어서 거리 가득 자동차가 정체되면 매연으로 인해 대기 질이 나빠진다.

알제는 관광지로서의 매력은 조금 떨어진다. 각 나라의 대

● 1층은 상가이고 2층부터는 주택 단지로 구성된 주상복합식 건물

사관이 몰려 있는 히드라 지역이나 알제리의 압구정이라고 할
수 있는 시디아이야에 가면 괜찮은 식당을 찾을 수 있지만 그
외 지역에는 관광객이 찾을 만한 식당이 많지 않다. 맥도날드
나 스타벅스 같은 대형 체인점이 없어 익숙하고 손쉽게 먹을
수 있는 음식을 찾기란 더욱 쉽지 않다.

　대부분의 식당은 로컬 식당으로 시내나 항구 주변에는 숯불
에 꼬치를 구워주는 식당이 많다. 닭고기, 양고기, 소고기뿐 아
니라 간이나 염통 같은 내장류를 꼬치에 끼워 구워주며 향신
료를 가미한 소시지류도 많다. 항구 주변에서는 생선을 구워
주기도 한다. 이러한 식당가는 멀리서도 쉽게 찾을 수 있는데
스멀스멀 올라오는 숯불 연기와 고기 굽는 냄새가 행인의 발

걸음을 멈추게 한다.

시내로 오면 프랑스식 건물들이 눈에 띈다. 132년이라는 오랜 시간 프랑스의 지배를 받으면서 지어진 관공서들이다. 하지만 알제리 특유의 문양이나 돔형 지붕들을 보면 서로의 문화가 공존한다는 게 느껴진다.

시내에서 조금 더 들어가면 독립전쟁 때 게릴라전을 했다는 카스바와 같은 구시가지가 나온다. 좁고 미로 같은 길이라서 상대적으로 병력이 약했던 알제리 사람들이 프랑스군과 싸우기에 적합한 장소였을 것이라는 생각이 들었다.

소설 《페스트》의 배경인 항구 도시, 오랑

오랑은 알제리의 수도에서 서쪽으로 350킬로미터가량 떨어진 도시로 오래전부터 중요한 항구 도시 역할을 해왔다. 알제리는 오랑을 통해 모로코와 스페인 더 나아가 프랑스와 인적 물적 교류를 이어왔다. 이러한 지리적 중요성 탓에 잦은 외세의 침략을 받기도 했다.

오랑은 다른 알제리 도시와는 다르게 훨씬 개방적이고 자유로운 분위기이다. 16세기부터 스페인과 오스만이 서로 지배하면서 지역 고유의 문화에 스페인, 오스만 문화가 일부 섞인 덕분에 유럽과 중동 지역의 문화가 공존하는 도시로 발전할 수 있었다.

'오랑'이라는 도시 이름은 베르베르어에서 유래했으며 '사자'라는 뜻이 있다. 전설에 따르면 오래전 이 지역의 강력한 힘을 가진 유지가 산 중턱에서 두 마리의 거대한 사자를 사냥한 후 그 산을 사자의

● 오랑 시내 모습

산이라고 부르게 되었는데 그것이 지금까지 이어져 '두 마리의 사자'를 뜻하는 오랑이라는 이름으로 불리게 되었다고 한다. 오랑시청 앞에는 두 마리의 거대한 사자상이 있다.

오랑은 알베르 까뮈*Alber Camus*의 소설 《페스트》의 배경으로도 유명하다. 이 소설의 소재는 14세기에 발생해 유럽 인구의 3분의 1인 1억여 명을 사망하게 만든 흑사병이다. 실제로 1849년 오랑에 콜레라가 발병해 많은 사람이 죽었고 그러한 역사적 사실을 바탕으로 알베르 까뮈는 만일 콜레라가 아닌 흑사병이 발생했다면 어떻게 되었을까라는 질문으로 《페스트》라는 소설을 쓰게 되었다고 한다. 오랑의 산타크루즈 성당●에 가면 당시 콜레라로부터 도시를 보호해달라는 의미로 만든 성모

● 프랑스 남부의 항구 도시인 마르세유에 있는 노트르담 성당과 유사하다.

● 오랑 시청을 지키는 두 마리의 사자상

상이 있다.

　오랑은 알제리에서 경제적으로도 중요한 도시이다. 알제리 제2 도시이자 큰 항구를 가지고 있어 여러 나라와 교류하는 덕분에 다른 도시에 비해 상대적으로 개방적이다. 수도인 알제보다도 외국인에 대한 거부감도 적고 히잡을 쓰지 않은 여성이 눈에 띠게 많다. 바쁘게 움직이는 사람들을 보면 생동감이 느껴진다. 오랑에는 프랑스 자동차 회사인 르노 공장이 있으며 알제리에서 가장 큰 해수 담수화 시설을 가지고 있다.

● 산타크루즈 성당

● 산타크루즈 성당의 성모상, 지중해를 사이에 두고 마르세유 노트르담 성당과 마주보고 있다.

로마 유적이 살아 있는 도시, 콘스탄틴

알제리 동부 지역에는 '다리의 도시'라고 알려진 콘스탄틴이 있다. 원래 콘스탄틴은 페니키아인에 의해 건설된 도시이지만 포에니전쟁에서 카르타고인이 패배하면서 베르베르 왕국인 누메디아에 지배당했다. 누메디아인들은 이 지역을 수도로 삼고 '시르타'라고 불렀다. 나중에 이 땅은 다시 로마에 지배당했고 지금의 이름인 콘스탄틴으로 바뀌었다. 콘스탄틴이라는 도시명은 로마 황제 콘스탄티누스 대제의 이름에서 따왔다고 한다. 도시 곳곳에는 로마 시대의 흔적이 남아 있다.

콘스탄틴이 다리의 도시라고 불리는 이유는 암벽으로 나뉘어 협곡 지역이 많기 때문이다. 협곡 때문에 도시에서 다른 도시로 이동할 때면 멀리 돌아가야 했는데 이러한 지형적 문제를 극복하고자 협곡과 협곡을 다리로 이어놓았다. 콘스탄틴에서 가장 유명한 다리는 '시디엠시드 다리'로 길이가 164미터에 달하는 현수교이다. 1929년에 완공되었으니 벌써 90년도 더 지난 다리이다. 완공될 당시만 해도 세계에서 가장 긴 다리였던 시디엠시드 다리는 알제리의 건축 기술력을 잘 보여준다. 단 12개의 케이블로만 지지하고 있어 왠지 위태위태해 보이지만 2000년에 보수 공사를 완료해서 안전하다고 볼 수 있다.

● 콘스탄틴을 대표하는 다리 시디엠시드 다리이다. 협곡 사이에 아찔하게 위치해 있다.

● 다리 건설로 협곡에 생겨난 도시

베르베르 왕국의 수도, 틀렘센

알제리 서부 지역의 틀렘센은 과거 베르베르 왕조인 틀렘센 왕국의 수도였다. 틀렘센 왕국은 모로코 북동부 지역과 알제리 북서부 지역에 있었다.

북부 아프리카에는 아틀라스 산맥이라는 거대한 산맥이 있다. 워낙 산이 높고 험해서 예전 사람들은 이 산을 넘는다는 것을 상상할 수 없었다. 그래서 과거 북부 아프리카 서쪽 지역(지금의 모로코)에서 동쪽 지역(중동)으로 가려면 틀렘센 왕국을 지나야 했으며, 수도 틀렘센은 북부 아프리카의 서부에서 동부로 넘어가기 위한 중요한 육상 교통로 역할을 해왔다. 대부분의 목적지는 틀렘센을 지나 알제리 서쪽 항구 도시인 오랑으로 이동해 해상 무역 활동을 했다고 전해진다.

틀렘센은 모로코와 알제리의 중앙에 위치해 있다. 지중해 지역 이슬람 문화의 교차로 역할을 하면서 다양한 문화의 중심지가 되었다. 이러한 문화적 다양성은 틀렘센 문화 중 음악 분야에 큰 영향을 끼쳐 안달루시안 전통 음악의 메카로 자리매김하고 있다.

트렘센 왕조의 대표적인 유적은 메슈아 궁전이다. 메슈아 궁전 내부에는 왕의 거처가 여럿 있는데 여름에는 대리석으로 만든 시원한 방에 머물렀으며, 겨울에는 쉽게 차가워지지 않는 자재로 만든 곳에서 지냈다고 전해진다. 메슈아 궁전은 1837년 알

● 트렘센 메슈아 궁전

제리 독립 영웅 에미르 압델카데르*Emir Abdelkader*가 프랑스군과의 평화 조약인 타프나 조약*Treaty of Tafna*●을 체결하기 위해 협상했던 곳으로도 알려져 있다.

알제리에도 온천수가? 겔마

겔마는 알제리 북서쪽에 위치한 도시로 튀니지와 가깝다.

● 이 조약으로 알제리 영토의 3분의 2에 해당하는 영토에서의 주권을 인정받았지만 2년 후인 1839년 프랑스가 조약을 어기면서 다시 길고 긴 독립 투쟁이 이어졌다.

● 겔마 지역의 석회암 폭포

이 지역은 온천수로도 유명해 목욕을 좋아했던 로마 사람들이 온천을 즐기러 이곳까지 여행왔다는 이야기가 전해진다.

그중 가장 유명한 장소는 함맘 메스쿠틴이다. '함맘*Hammam*'이라는 말은 아랍어로 '공중목욕탕'을 뜻하며 우리에겐 터키탕으로도 알려졌다. 사실 이곳은 직접 목욕을 하는 곳이라기보다는 이 지역 온천수의 수원지이다. 온천수의 온도는 무려 97도에 달하며 매초 1,600리터가량 쏟아져 나온다. 이곳을 유명하게 만든 것은 단순히 온천수가 나오기 때문만은 아니다. 이 지역의 석회암 지대에 오랜 시간의 풍화 작용이 이루어져 붉은 빛이 도는 특이한 석회암 폭포가 생겼는데 이 아름다운 경치를 보기 위해 방문하는 사람들이 많았기 때문이다.

겔마 지역은 프랑스 식민지 시절 독립운동의 아픔이 있는 지역이기도 하다. 1945년 2차 세계대전이 끝나면서 알제리는 독립을 염원했고 5월 8일 겔마 지역의 젊은이들은 민주주의와 알제리의 독립을 외치며 시가행진을 했다. 그런데 시위 도중 청년 한 명이 경찰이 쏜 총에 맞아 죽는 사건이 발생하면서 시위대와 경찰 간에 무력 충돌이 일어났다. 약 4만여 명이 사망한 이 사건은 알제리 독립전쟁의 서막이 되었다.

훗날 알제리 2대 대통령이 된 후아리 부메디엔*Houari Boumédiène*은 고향에서 발생한 이날의 참극에 대해 다음과 같이 회고했다.

"그날, 세상이 송두리째 뒤집혔다. 돌아가신 조상들조차도 땅속에서 움직였다. 아이들은 자유로운 사람이 되기 위해서는 손에 무기를 들고 싸워야 함을 알게 되었다. 그 누구도 그날을 잊을 수 없다."

알제리의 행정 단위
윌라야, 다이라, 꼬뮌

한 나라의 행정 체계와 인구 분포를 아는 데 행정 구역만큼 중요한 것이 없다. 알제리의 행정 구역은 크게 세 가지로 나뉜다. 우리나라의 도(都)에 해당하는 '윌라야*Wilaya*', 구(區)에 해당하는 '다이라*Daïra*', 동(洞)에 해당하는 '꼬뮌*Commune*'이다. 한반도는 크게 여덟 개의 도로 이루어져 있다. 그러면 알제리는 몇 개의 윌라야로 이루어졌을까?

프랑스로부터 독립하던 1962년에만 해도 알제리는 15개의 윌라야로 이루어져 있었다. 여기서 윌라야라는 단어는 '통치한다'는 의미의 아랍어로 '통치하는 지역'이라는 뜻이다. 윌라

● 알제리는 총 48개의 윌라야로 구성되어 있다.

야의 수장●은 '통치하는 사람'이라는 의미로 '왈리*Wali*'라고 부른다. 프랑스로부터 독립한 이후 알제리는 너무 넓게 책정되어 있던 사하라 이남 구획을 점차 세밀하게 정비해나갔다. 현재 알제리는 총 48개의 윌라야로 이루어져 있다.

알제리 인구의 대부분은 알제리 북부 지역에 살고 있고, 인

● 우리 식으로 따지면 도지사

● 타마라셋주의 풍경

구가 많다 보니 알제리 북부 지역에 윌라야가 밀집해 있다. 남부로 갈수록 거주하는 사람이 줄어들고 사하라 사막에 가까워질수록 윌라야의 크기가 기하급수적으로 커진다.

알제리에서 가장 큰 윌라야는 한 나라의 크기에 버금갈 정도이다. 남부 사하라 지역에 위치한 타마라셋주의 경우 알제리 전체 영토의 23퍼센트에 달하며 프랑스와 맞먹을 정도로 크다. 물론 척박한 지역이니만큼 인구는 20만 명도 되지 않는다. 이와 반대로 알제리의 수도가 위치한 알제주는 서울보다 약 두 배 정도 크며 300만 명 이상이 거주하고 있다.

알제리의 다양한 민족 구성[5]

알제리의 인구 구성을 보면 약 80퍼센트가 아랍계이고 나머지 20퍼센트가 베르베르족이다. 하지만 이러한 통계만을 가지고 알제리의 민족 구성이 대부분 아랍계라고 단정 지을 수는 없다. 아랍계가 많지만 그중에서도 상당수가 베르베르족의 피를 물려받았기 때문이다. 알제리 사람들은 대대로 유목 민족인데다 역사적으로 많은 민족의 침입을 받았고, 지중해를 중심으로 많은 교류가 있던 터라 다양한 민족이 섞여 있다고 볼 수 있다.

최근에는 알제리 내에서 토속 민족인 베르베르족에 관한 관심이 점차 높아지고 있는데 베르베르족의 문화가 알제리 고유의 문화로 인정 받고 더 나아가 베르베르족의 언어가 알제리 국어로서 자리 잡아 가고 있기 때문이다.

알제리 토속 민족 베르베르? 아마지그!

베르베르족에는 까빌리족*Kabyles*, 샤우이족*Chaoui*, 모자비트족
Mozabites, 투아레그족*Tuareg*으로 크게 네 개 종파가 있다. 이 중에
서 프랑스 전 축구 선수 지네딘 지단*Zinedine Zidane*과 프랑스 배
우 이자벨 아자니*Isabelle Yasmine Adjani*는 까빌리족 출신이다.

베르베르족은 알제리에만 국한된 민족이 아니라 북부 아프
리카에 넓게 분포되어 있다. 대다수가 알제리와 모로코에 거
주하며 일부는 리비아나 튀니지에도 거주한다. 프랑스가 마그
레브 지역에 영향을 준 이래 프랑스 이민자 중에서도 베르베
르족의 피가 흐르는 사람이 상당하다.

그런데 우리가 종종 사용하는 베르베르라는 표현에 다소 부
정적인 의미가 있다는 사실을 알고 있는 사람은 많지 않다. 베
르베르라는 말의 어원은 그리스어로 '바바리안(야만인)'이라는
의미를 가지고 있다. 바바리안은 일반적으로 게르마니아 지
방•의 이민족을 의미하지만 북부 아프리카 이민족을 표현하
는 데도 사용했다고 전해진다. 그래서 베르베르라는 표현보

• 고대 로마 제국 시절 독일 지방을 부르던 말

다는 이들 민족이 스
스로를 부를 때 쓰는
'아마지그*Amazighs*'라
는 표현이 좀 더 적
합하다. 물론 이제는
베르베르라는 표현이
정착되어서 그렇게 부

● 베르베르족을 상징하는 깃발

른다고 꼭 부정적인 이미지로 보는 것은 아니지만 그들의 문
화를 이해한다는 측면에서 아마지그라는 명칭도 알아두면 좋
을 것이다.

아마지그라는 말은 '자유로운 인간'이라는 뜻을 가지고 있
다. 이들이 유목 민족이라는 점을 감안하면 참 잘 어울리는 이
름이다. 아울러 베르베르어는 '타마지그*Tamazight*'라고 부르는
데 2002년 알제리 정부가 국가 대통합 차원에서 타마지그를
국어로 인정하면서 아마지그의 정체성을 확립하기 위한 움직
임이 강화되고 있다. 실제로 알제리에서는 표지판을 아랍어와
프랑스어뿐 아니라 타마지그로 표기하기도 한다.

프랑스 이민자, 까빌리족

까빌리족은 알제리의 수도 알제 동쪽의 카빌리아에서 거주
하는 사람들로 티지우주, 베자이아 등의 지역에 살고 있다. 이
지역은 고산 지대로 인근에 있는 대도시와의 교류가 쉬우면

● 까빌리족 전통 의상

서도 자신만의 문화를 잘 보존할 수 있는 지리적 특징을 가지고 있다.

실제로 까빌리족은 샤우이족과 함께 프랑스에 저항하는 모습을 보여주기도 했지만 아이러니하게 프랑스어로 교육받아 프랑스에 많이 진출한 민족이기도 하다.

상업 분야에서도 특출나며 주요 관료 중에는 까빌리족 출신이 상당하다. 처음에는 다른 베르베르족과 마찬가지로 유목을 기반으로 생활했지만 산간 지대라는 지형적 특성 탓에 목축업만으로는 생계가 유지되지 않아 수공예품을 만들어 대도시에 판매하기도 했다. 이 과정에서 상업적인 성향이 발달한 것으로 추측된다. 카빌리족은 다른 베르베르족보다 베르베르족으로서의 민족 정체성을 중요시 여긴다.

1930년대 들어 프랑스로의 이주가 활성화되었다. 이 시기의 프랑스는 '영광의 30년'이라고 불리는 경제 호황기로 건설과 산업 분야의 부족한 노동력을 충당하기 위해 알제리인 이주 정책을 체계적으로 펼쳤다. 이때 까빌리족이 거주하고 있던 티지우주 지역 남성의 20퍼센트가량이 프랑스 도시로 이주해 노동력을 제공했다. 이후에는 스위스, 벨기에 등의 지역으로도 대거 유입되었다.

카빌리아 지역의 경제는 이민자들이 벌어온 자금을 기반으로 발전해나갔다. 하지만 알제리가 독립하면서 프랑스와의 관계가 점점 나빠졌고 나중에는 알제리와 프랑스 간의 이민이 중단되면서 카빌리아 지역 경제도 큰 타격을 입었다.

이후 까빌리족들은 프랑스와 가까웠다는 이유로 알제리 내에서 차별받는다고 생각했다. 그래서 나중에는 '베르베르의 봄'이라고 불리는 베르베르족에 대한 차별을 타파하기 위한 운동을 벌이기도 했다.

식민 지배에 대한 반감으로 아랍화된 샤우이족

샤우이족은 카빌리족과 지리적으로 가까운 곳에 살고 있다. 다만 이들은 산악 지대보다는 고원 지대에 거주해 충분한 경작지를 기반으로 목축업과 농업을 발달시켰다.

자급자족하면서 외부와의 접촉이 적다 보니 인종적 혼혈이 거의 없고 고유의 문화를 유지해나가고 있다. 조상에 대한 예를 중요시해 성을 공유하는 가문끼리 제사를 지내기도 한다.

알제리 내에서도 북동부 산악 지역은 역사적으로 외세에 대한 저항이 거센 곳으로 알려져 있다. 14세기 오스만 제국의 침입부터 19세기 프랑스 식민 시대에도 독립운동의 근거지가 되었고, 실제로 독립운동가 중에는 샤우이족이 상당수 포함되어 있다.

● 전통 의상을 입고 있는 샤우이족 여성

이들은 외세 특히 프랑스에 대한 반감이 심해 프랑스어를 사용하지 않고 아랍어를 사용한다. 문화적으로도 아랍 문화에 가까워서 이슬람 율법을 철저하게 지키려는 성향을 보인다.

프랑스 식민지 시절 까빌리족은 프랑스와 가까워 발전할 수 있었지만 샤우이족은 상대적으로 소외당하는 처지에 있었다. 프랑스 식민 정부는 샤우이족이 사는 지역에 학교를 세우지 않았고 전기나 수도도 제대로 공급하지 않았다. 이로 인해 샤우이족은 어쩔 수 없이 다른 지역으로 이주하는 경우가 잦았다고 한다.

이들은 1980년대부터 베르베르족으로서의 정체성을 강조하는 문화운동을 해왔지만 카빌리족에 비해 베르베르족으로서의 정체성이 약하고 많은 부분 아랍화되었다. 샤우이족 출신 중에는 알제리의 독립 영웅이며 알제공항의 다른 이름인 후아리 부메디엔 대통령이 있다.

사막의 전사 투아레그족

투아레그족은 알제리 남부와 말리 및 니제르 북부에 살고 있는 유목 민족이다. 알제리 남부와 말리 북부는 사하라 사막 한복판에 위치해 있다. 이들은 사하라 사막의 뜨거운 낮과 차가운 밤을 견디며 사헬 지대의 국경을 오가면서 살아온 강인한 민족이다. 즉 투아레그족은 강인한 전사의 이미지가 강하다.

투아레그족의 이름이 국제 사회에 알려지게 된 것은 2012년 말리 군사 쿠데타와 관련이 깊다. 사헬 지대에서 살아온 유목 민족인 이들에게 현재의 국경은 그들의 의사와 상관없이 나누

● 투아레그족

어졌다. 그들은 알제리도 말리도 아닌 독립적인 지위를 원했는데 투아레그족의 독립을 저지한다는 목적으로 소집된 군사들이 오히려 말리 쿠데타에 이용되면서 사헬 지대의 안보 상황이 악화되는 원인이 되었다.

독특한 문화를 가진 모자비트족

까빌리족과 샤우이족이 알제리 북부에 위치한 베르베르족이라면 모자비트족과 투아레그족은 알제리 남부 사하라 사막 인근에 거주하는 민족이다. 더 정확하게 말하면 모자비트족은 사하라 사막 북부 지역에 살고 있다.

이들은 독자적인 문화를 자랑하며 코란을 엄격하게 해석하는 것으로 알려져 있다. 거주 양식도 매우 독특한데 창문이 거의 없고 주택 외벽이 황토색으로 칠해져 있다. 가르다이아 크사르*Ghardaïa ksar*라고 불리는 이 양식은 1982년 유네스코 세계 문화유산에 등재되었다.

모자비트족의 이슬람교는 매우 폐쇄적이다. 다른 종파와는 결혼하지 않고 문화적

● 모자비트족 여인

으로 분리주의적인 성향이 짙다. 여자들은 온몸을 가리는 베일을 쓰고 다닌다. 눈도 한쪽 눈만 보이고 거주 지역 이외로는 거의 돌아다니지 않는다고 한다.

알제리의 국가를 작사한 독립투사 무프디 자카리아가 모자비트족이다.

죽음의 레이싱 다카르 랠리

끝없이 펼쳐진 사하라 사막을 달린다면 기분이 어떨까? 뜨거운 모래 언덕을 지나고 계곡과 산길, 비탈길을 달려 결승점까지 달리는 레이스가 있다. 당연히 제대로 된 도로는 없다. '다카르 랠리*Dakar rally*'가 죽음의 레이싱이나 지옥의 레이싱으로 불리는 이유는 이러한 말도 안 되는 환경에서 목숨을 걸고 레이스를 이어가기 때문이다.

다카르 랠리는 1979년 프랑스의 모험가 티에르 사빈*Thierry Sabine*이 만들었다. 젊은 시절 그는 바이크로 사하라 사막 횡단에 나섰다가 생사의 고비를 넘는 경험을 했다. 보통 사람이라면 다시는 바이크를 타고 사막을 달리지 않겠다고 생각했겠지만 그는 극한의 레이스를 해보면 어떨까라는 생각으로 다카르 랠리를 고안했다.

초창기에는 프랑스 파리에서 출발해 알제리, 니제르, 말리를 지나 다카르에 도착하는 '파리 오아시스 다카르 랠리'를 원형으로 했다. 그러다가 서부 아프리카 사헬 지역의 안보 상황이 나빠지면서 중남미로 무대를 옮기기도 했다.

2020년도에는 사우디아라비아에서 경기가 개최되어 12일간 7,500킬로미터를 달렸는데 전체 코스의 70퍼센트가 사막이었다고 한다. 참고로 서울에서 모스크바까지 직선 거리가 6,600킬로미터이니 어마어마한 거리가 아닐 수 없다.

다카르 랠리에 참가한
사람 중에 매년 사망자가 발
생한다. 2020년 대회에서
도 포르투갈 선수가 심장마
비로 사망하는 안타까운 일
이 있었다. 그럼에도 매년
모험심에 가득 찬 선수들과
자사가 만든 자동차 성능을
증명하고 싶어 하는 글로벌

● 다카르 랠리 속 한 장면

회사들이 앞다투어 경기에 참여하고 있다.

다카르 랠리에서 2009년부터 2011년까지 3년 연속 우승한 차가 있
다. 바로 폭스바겐의 투아레그Touareg이다. 투아레그족은 베르베르족 중 하
나로 알제리의 남부와 말리 북부 지역에 사는 민족이다. 사헬 지역의 냉
혹한 환경은 다카르 랠리 레이싱을 떠올리면 충분히 공감할 수 있을 것
이다. 그런 지역에서 살아가는 민족이라고 한다면 일상에서도 생사의 갈
림길에 놓이는 순간이 얼마나 자주 있을지 감히 상상조차 되지 않는다.
투아레그족은 전투의 민족으로도 유명하다. 그들은 알제리 독립 전쟁에
서 강하게 맞서 싸운 민족이며, 사람들은 이들을 '자긍심과 자유의 민족'
이라고도 부른다.

함께 생각하고 토론하기

알제리를 떠올렸을 때 아프리카보다는 중동 국가라는 이미지가 먼저 떠오를 겁니다. 하지만 이제는 알제리가 아프리카에서 가장 큰 나라라는 사실을 알게 되었을 뿐 아니라 알제리의 기후와 위치, 인종, 주요 도시 등 알제리에 대한 기본 정보 또한 잉해할 수 있을 것입니다.

● 알제리라고 하면 무엇이 제일 먼저 떠오르나요? 그 이유는 무엇인가요?

● ● 알제리에 대해 잘못 알고 있었던 것이 있다면 어떤 것인가요? 어떻게 잘못 알고 있었는지 이야기해봅시다.

2부

알제리 사람들의 이모저모

인색한 부자는
관대한 가난한 자보다
더 가난하다.

알제리에서 인사하는 법

여행을 가거나 현지에 살면서 그 나라의 분위기를 가장 잘 들여다볼 수 있는 곳은 시장이 아닐까 한다. 알제리는 대형마트 보다는 재래시장이 더 발달한 나라이다. 알제의 재래시장에 가면 지중해에서 막 잡아온 싱싱한 생선과 해산물 특유의 비릿하면서도 싱싱한 냄새가 가득하다. 이런 재래시장에서는 프랑스어로 이야기하는 것보다 서툰 현지어로 인사하고 떠듬떠듬 흥정해보는 즐거움이 있다. 그러다 보면 말이 잘 통하지 않더라도 그들의 삶의 모습을, 더 나아가 그 나라의 문화를 이해하게 되고 덤으로 좋은 추억도 만들 수 있다.

어디선가 한 번쯤은 들어본 "앗쌀라무알리쿰(줄여서 쌀람)"은 '안녕하세요'에 해당하는 인사말이다. 여기에서 한 발짝 더 나아가 일상생활에서 알제리 사람들이 자주 쓰는 몇 가지 표현을 배워보도록 하자.

알제리의 행님아~, 호야!

한국에서 외국인이 "이모님~"이라고 부르거나 "형님!"이라고 부르면 왠지 모르게 정감이 간다. 알제리에도 그런 표현이 있으니 바로 '호야*khouya*'이다. 호야는 보통 남자에게만 사용하는데 친근하게 "형님"이라고 부르는 표현이다.

가게에서 주인아저씨에게 "호야~!"라고 부르면 상대방도 괜히 가깝게 느낀다. 주의할 점은 호야라는 표현은 다소 가까운 사이에서 하는 친밀함의 표시이니만큼 시장이나 한 번 정도 만난 친구들에게 사용하는 것은 괜찮지만 격식 있는 자리에서는 자제하는 것이 필요하다. 그런 자리에서는 "호야~!" 대신 "무슈"라는 프랑스어나 "씨디"를 쓰도록 하자. 무슈는 우리말로는 "선생님", 프랑스어로는 "신사 숙녀 여러분"이라고 부를 때 신사를 지칭하는 말이다. 씨디라는 표현은 아랍어로 상대방을 높여 부를 때 쓰는 말이다.

안부 인사, 싸바? 싸바!

어느 나라나 마찬가지이지만 알제리에서는 대화할 때 안부부터 묻는 게 예의이다. 업무차 전화 통화할 때도 절대로 목적부터 말해서는 안 된다. 적어도 상대방과 그의 가족의 안부 정도는 물어야 한다. 상대방의 인적 사항을 잘 기억해두었다가 다음번 연락할 때 "파리에 산다는 동생은 잘 지내?"와 같은 이야기를 해주면 더더욱 좋다.

기본적으로 알제리는 프랑스어가 통용되는 나라이다 보니 프랑스어 인사인 "싸바?"를 사용해도 된다. 안부를 물을 때는 말꼬리를 올려서 말하고 대답할 때는 말꼬리를 내려서 말하면 된다. "싸바? 싸바!"만 잘해도 반은 성공이다.

현지인처럼 말하려면 현지 아랍어 인사말인 "라베스?"를 사용하면 된다. 뜻은 동일하며 안부를 묻는 데 사용한다. 프랑스어와 현지어를 섞어서 "싸바 라베스?"라고 하면 더 좋다. 대답은 "라베스!"라고 하면 되는데 이때도 '함둘라'라는 말을 붙여 "라베스 함둘라!"라고 하면 좋다. 함둘라는 'Thanks god(신이시여 감사합니다)'이라는 뜻이지만 종교적 의미보다는 통상적으로 쓰는 표현이니 매사에 감사하는 마음으로 뒤에 붙여주자.

감사합니다. 슈크란!

모든 대화의 끝은 역시나 감사를 표하는 것이다. 물건을 사도 음식점에 가도 사람들을 만나면 안녕이라는 말만큼이나 고맙다는 인사를 하게 된다. 이 경우 프랑스어로 "멕시"라고 말해도 되지만 현지어를 사용해주는 게 더 정겨울 것이다. 아랍어를 모른다고 해도 한 번쯤은 들어봤을 만한 "슈크란"이 이럴 때 적합하다. 슈크란은 감사함을 전하는 공식적인 표현이다.

슈크란만큼이나 어울리는 표현이 있으니 "싸하"가 바로 그것이다. 싸하는 "OK(오케이)"라는 의미로도 사용되므로 알겠다고 할 때도 "싸하"라고 대답하면 된다. 감사한다는 의미로 사용할 때는 앞에 "아득"이라는 말을 붙여서 "아득 싸하"라고 하면 되는데 이렇게 끝내면 왠지 아쉽지 않은가. 앞에서 배운 호야를 이용해서 "아득 싸하, 호야~(감사합니데이, 행님~)"라고 말해보자.

앗쌀라무알리쿰, 당신에게 평화가 있기를?

아랍어를 모르는 사람도 한 번쯤은 들어본 인사말이 "앗쌀라무알리쿰!"이다. 일반적으로 '당신에게 평화가 있기를'이라고 번역하며 '안녕하세요'라고 사용된다고 알고 있다.[6]

하지만 '쌀람'이라는 뜻은 '평화'보다는 '안전'을 의미하는 표현으로 자주 쓰이며 '복종' 혹은 '항복'의 의미가 강하다.

우리가 생각하는 평화로운 이미지와는 달리 쌀람이라는 상태는 두 사람 간의 상하 관계가 형성된 것으로 더 높은 지위혹은 권한을 지닌 자가 다른 사람의 안전을 지켜준다는 의미로 해석된다. 앗쌀라무알리쿰이라는 인사말을 주고받음으로써 나는 당신과 쌀람의 상태에 놓여 있다는 것을 서로가 인정하는 것이다.

상하 관계라는 것은 단순히 힘의 논리만을 뜻하는 것은 아니라서 물건을 사는 사람과 파는 사람 사이에서 쌀람의 상태는 언제든 나타날 수 있다. 특히 알제리에서는 물건이 정가로 책정되어 있지 않기 때문에 가격을 흥정하는 상황에서 쌀람의 상태가 흔히 발생한다. 꼭 사고 싶은 물건과 그렇지 않은 물건이 있을 때 가격 흥정에서의 태도가 달라지는 것과 같다.

쌀람의 관계는 가변적이어서 처음에는 지고 들어가더라도 관계를 형성한 다음에는 특정한 계기를 통해 쌀람을 깨고 관계 형성을 다시 만들 수 있다. 한 번 관계가 깨지고 나면 오히려 더 좋은 관계로 발전하는 경우가 많다. 무조건 이기는 관계가 좋은 것이 아니다. 지고 들어가야 할 때는 확실히 이를 인정하고 우위에 있어야 하는 상황에서는 확실하게 인정을 받아야 한다. 이도 저도 아닌 관계가 유지되다 보면 오히려 관계가 사라져 버린다.

프랑스어와 알제리어

132년이라는 프랑스의 긴 식민 지배는 알제리의 많은 것을 바꾸어버렸다. 특히 언어와 행정 업무는 프랑스의 영향을 받아 체계적으로 자리가 잡혔다. 프랑스는 다른 모든 아프리카 나라를 독립시키는 과정에서도 알제리만큼은 프랑스의 영토로 남겨두기 위해 노력했다. 알제리에 프랑스인이 많이 살고 있었고, 프랑스의 빠른 근대화 과정에서 알제리 출신 노동자들의 역할이 중요했기 때문이다.

원하든 원치 않든 3~4세대에 걸친 긴 식민 지배는 알제리 사람들이 프랑스어에 익숙해지도록 했다. 알제리는 프랑스어

● 알제리 어디서나 프랑스어와 아랍어가 병기된 표지판을 볼 수 있다.

를 원하지 않아도 사용해야만 하는 상황이 된 것이다. 이 때문에 알제리는 프랑스와의 관계로 인해 프랑스어권 나라 모임인 프랑코포니에 가입하지 않고 있다.

지금도 알제리 사람들이 쓰는 아랍어 사투리에는 프랑스어가 섞여 있다. 알제리 아랍어를 전혀 모른다고 해도 프랑스어를 할 수 있다면 단어 하나만으로 언어의 의미를 알아들을 수 있는 수준이다. 프랑스어를 배우지 못한 사람도 숫자를 세는 방식만큼은 프랑스어로 할 정도로 생활 속에 프랑스어가 깊이 박혀 있다.

기초 데리자* 배워보기

데리자	발음	의미
Sbaḥlkhir	스바히르	안녕하세요(아침)
Mselkhir	므쎌히르	안녕하세요(저녁)
Selam	쌀람	안녕
Labasse	라베스	잘 지내세요?
Beslama	브슬라마	안녕히 가세요
Men fadlek	멘파들릭	부탁합니다
Chkoun?	슈쿤	누구?
Wechnou?	우슈누	뭐라고? 뭐?
Sameḥni	스마할리	미안합니다
Saḥa / Shokran	싸하 / 슈크란	감사합니다
hada	하다	이것
mouchkla	무시끌라	문제

• 알제리 방언

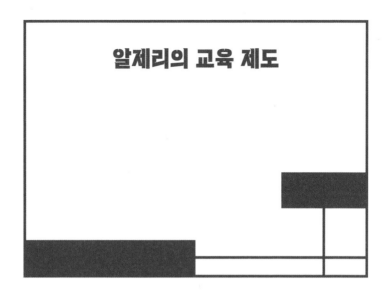

알제리의 교육 제도

알제리의 교육 제도는 프랑스에서 독립한 1962년부터 시작되었다. 독립 이후 알제리는 출산율이 증가하면서 인구가 급속도로 늘어났다. 1960년 1,100만 명이었던 인구가 10년 만에 400만 명 가까이 늘었다.

당시 알제리는 프랑스식 교육 제도를 채택하고 있었는데 프랑스인 교사들이 본국으로 돌아가면서 교사 수급에 어려움이 생겼다. 프랑스어로 교육할 만한 충분한 교사를 찾지 못하자 정부는 이슬람 경전인 코란을 연구하던 이들까지 대거 교육 현장으로 보냈다. 이들은 아랍어를 읽고 쓸 줄 알았기에 정부가 추진하던 아랍 문화와 토착 문화를 증진하는 정책에도 부

합했다. 또한 정부는 부족한 교사 인력을 인근 나라인 이집트, 시리아, 이라크, 레바논 등 아랍권 나라에서 채용하기도 했다.

1970년이 되면서 정부는 사립 학교를 없애고 모든 교육 시스템을 나라에서 통제했다. 이때부터 6세 이상의 모든 아이가 무상 교육을 받을 수 있게 되었다.

알제리의 교육 제도는 크게 미취학 아동을 위한 유아 교육, 만6세 이후부터 시작되는 기본 교육(초등·중등), 고등 교육 그리고 대학 교육으로 나뉜다.

미취학 아동을 위한 유아 교육

알제리의 유아 교육은 만3세부터 6세까지의 미취학 아동을 대상으로 진행된다. 독립 이전까지만 해도 유아 교육을 중요하게 여기지 않았지만 1980년대에 들어오면서 유아 교육을 강화하기 시작했다. 이 시기는 알제리의 인구수가 급격히 증가하던 시기이면서 경제적으로도 발전하던 시기와 맞물린다.

1980년대 초만 해도 유아 교육을 위한 교육 기관의 학급 수는 289개밖에 되지 않았지만 현재는 2만 개가 넘는다. 알제리 교육부에 따르면 유아 교육은 의무 교육에 포함되어 있지 않지만 전체 미취학 아동의 70퍼센트 이상이 유아 교육을 받고 있다고 한다.

이러한 추세는 과거와 달라진 가족의 모습과도 관련 있다. 현재 알제리 여성의 60퍼센트 이상이 경제 활동을 하면서 유아 교육이 더욱 활성화되었다.[7]

초등학교부터 중학교까지 기본 교육

알제리의 기본 교육 과정은 초등학교 5년과 중학교 4년이다. 원래는 3년씩 세 단계로 구성되어 있다가 2008년부터 현재의 초등·중등 체계로 바뀌었다. 알제리의 6세 이상 아동 98퍼센트가량이 기본 교육을 받고 있다.

알제리의 기본 교육은 단순히 읽고 쓰고 셈하는 것에만 중점을 두는 것이 아니라 사회 구성원으로서 배워야 할 문화와 전통 그리고 종교에 대한 학습이 포함되어 있다. 2001년부터는 알제리 토착 민족인 베르베르족이 쓰는 타마지그어를 학교

● 알제리 초등학교 교실의 모습

● 초등학생들

● 교복 대신 남자아이들은 하늘색, 여자아이들은
분홍색 위주의 옷을 입고 등교한다.

● 다른 시설물보다 책상과 의자가 상당히 오래되었다.

에서 배울 수 있다.

초등 과정에서 중등 과정으로 넘어가기 위해서는 시험을 봐야 하는데 약 83퍼센트의 아이들이 이 시험을 통과한다고 한다. 당연히 중등 과정에서 고등 과정으로 넘어가기 위해서도 시험을 봐야 하는데 이 시험에는 약 72퍼센트가 통과한다고 한다. 물론 시험에 떨어져도 재시험의 기회가 주어지기 때문에 이를 통과한다면 유급을 면할 수 있다.

전문성을 키우는 고등 교육

알제리의 고등 교육 과정은 한국과 똑같이 3년이다. 1학년까지는 동일하게 수업을 받지만 2학년부터는 선택에 따라 과목이 문학, 과학, 기술로 나뉜다. 한국의 문과, 이과, 실업계 체계와 유사하다. 문학과 과학은 3년 과정이지만 기술을 선택하면 2년 과정 후 졸업할 수 있다.

알제리 고등학생들은 대학을 가기 위해 바칼로레아라는 시험을 본다. 이는 프랑스 식민 시절 교육 과정의 흔적으로 중등 과정 졸업 시험에 해당한다. 이 시험은 우리나라의 대학입학 시험처럼 성적 순위를 매기는 것이 목적이 아니라 고등학교를 졸업한 학생이 대학 수학 능력을 지니고 있는지 확인하는 일이다. 그래서 점수 자체보다는 합격 불합격 여부가 중요하다.

2020년에는 약 63만 명의 학생이 바칼로레아 시험을 치렀다. 기존대로라면 6월에 시험이 실시되었어야 했지만 코로나19의 여파로 9월로 연기되었고 합격 점수 또한 변경되었다. 원래는 20점 만점에 10점 이상 획득해야 했지만 2020년에는 합격 점수를 9점으로 낮춘 것이다. 일부는 불합격에서 합격으로 바뀌어 기뻐했겠지만 점수 하향 조정에 따른 대학 입학자 수준 변화에 대해 우려하는 목소리도 있었다. 대입 시험이 연기됨에 따라 대학 입학 일자도 11월로 연기되었다.

이슬람 교육

알제리에서는 이슬람교가 교육적으로도 중요한 부분을 차지한다. 초등학교를 입학하고 중학교까지는 이슬람 교육을 배우고 고등학교부터는 이슬람학을 배운다. 교과 이수 시간도 상당한데 초등학교에서는 주당 1시간 30분, 중학교에서는 1시간, 고등학교에서는 학교에 따라 1시간에서 많게는 2시간을 할애한다.

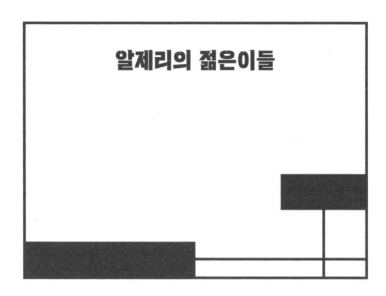

알제리의 젊은이들

스마트폰에 빠져 사는 아이들

아이들이 스마트폰에 빠져 사는 것은 비단 한국만의 이야기가 아닌 듯하다. 알제리 청소년들도 스마트폰에 빠져 손에서 놓지 않고 있다. 알제리 인구 4,400만 명 중 스마트폰 사용자가 약 2,500만 명 수준인데 그중에서 16~24세의 청소년이 차지하는 비율이 4분의 1을 넘는다. 이 때문에 통신사들은 청소년들을 주요 고객으로 삼고 있다.

아이들의 스마트폰 사용이 늘어나면서 이로 인한 문제도 속속 생기고 있다. 선정적이고 폭력적인 매체에 쉽게 노출된 아이들에게는 올바른 지도가 필요한데 알제리 부모들은 아이들에 비해 스마트폰 사용이 익숙하지 않아 자녀들의 잘못된 스마트폰 사용을 통제하기 어렵다. 또한 분별력이 약한 아이들을 대상으로 모르는 사람이 만나자고 연락하거나 금품을 요구하는 피싱 사례도 늘고 있다.

일자리 구하기가 어려운 젊은이들

취업이 어렵기는 전 세계가 마찬가지이지만 알제리는 최근 더 어려운 시간을 보내고 있다. 유가에 의존적인 경제라서 유가가 하락하면서 상당한 타격을 입었기 때문이다. 대내외적인 영향으로 알제리 경제가 안 좋아지면서 취업률은 점점 낮아지

2018 알제리 성별 나이별 실업률

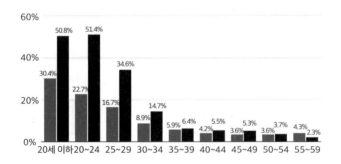

고 있다. 알제리의 실업률은 약 14퍼센트에 달하며 16~24세 청년의 30퍼센트 이상이 취업을 못하고 있다.

심각한 취업난으로 거리에는 방황하는 젊은이들이 늘고 있다. 그들은 공원이나 광장에서 막연하게 시간을 때우곤 한다. 취업난은 고학력자들도 피해가지 못하는데 대졸자의 15퍼센트 이상이 취업을 못하고 있다. 그러다 보니 학생들 사이에서는 대학 졸업 후 취업을 하지 못하는 것보다 빨리 졸업하고 일자리를 구하는 편이 낫다는 인식이 늘고 있다. 실제로 알제리에서는 대학을 졸업하더라도 안정적인 일자리를 구하기가 힘들어졌다. 코로나19의 여파로 취업난은 더욱 심각해졌다.

알제리의 미래는 젊은이에게

전 세계적인 경제 위기 속에서 어려움을 겪고 있지만 알제리의 미래가 어둡지만은 않다. 유엔 산하기구인 국제연합개발계획UNDP이 매년 발표하는 인간개발지수●에 따르면 2022년 기준 아프리카 국가 중 3위를 차지했는데 1, 2위가 인구가 적은 섬나라 모리셔스와 셰이셸인 점을 감안하면 아주 훌륭한 수

● 각 나라의 교육수준과 국민소득, 평균수명 등을 조사해 인간개발 성취 정도를 평가하는 지수

치이다. 이러한 결과는 기대 수명의 증가와도 관련이 있다. 알
제리의 여성 기대 수명은 77세, 남성 기대 수명은 76세로 평
균 77세 수준이다. 2020년 기준 4,400만여 명의 알제리인 중
70% 이상이 40세 미만이고, 60세 이상은 인구의 10%에 불과
한 점을 감안했을 때 알제리의 인구는 앞으로 지속적으로 증
가해 2040년에는 5,700만 명 수준이 될 것으로 예상된다. 당
장은 젊은 인구의 증가로 일자리 부족 현상을 겪고 있지만 장
기적으로는 노동력 증가를 바탕으로 많은 프랑스 기업의 진출
이 기대되고 있다.

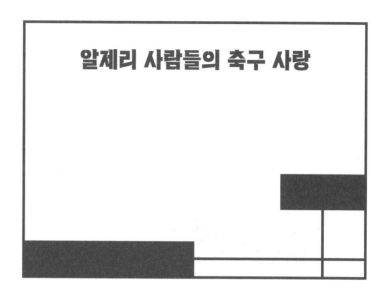

알제리 사람들의 축구 사랑

알제 시내에서 가장 젊은이들이 가장 많이 찾는 곳은 알제리의 압구정이라고 불리는 시디아이야와 히드라이다. 큰 상권은 아니지만 맛집이나 분위기 좋은 카페가 많다.

그곳에 가면 우리에게 익숙한 얼굴을 발견할 수 있다. 1998년 프랑스월드컵 우승의 주역이자 레알마드리드 코치인 지네딘 지단이다. 올레두*Ooredoo*라는 알제리 통신사 광고에 나오는 그의 모습은 수년 전 한 걸그룹 맴버의 통신 회사 광고를 생각나게 했다.

지네딘 지단의 부모는 알제리 출신이다. 그는 프랑스 남부 마르세유에서 나고 자랐지만 부모의 영향으로 알제리와 깊은 관계를 갖고 있다. 지네딘 지단은 2010년부터 그의 이름으로

● 지네딘 지단이 나오는 광고. 환하게 웃으며 반겨주는 느낌이다.

된 재단을 운영하면서 알제리에 지속적으로 기부하고 있으며 최근 코로나19 팬데믹 시기에는 의료품을 제공하기도 했다. 알제리에서는 지네딘 지단만 유명한 게 아니다. 프랑스 축구 대표 팀 선수 중에는 알제리 출신이 꽤나 많다. 초신성으로 떠오른 킬리안 음바페*Kylian Mbappe*의 어머니도 알제리 출신이다.

공격수로 각광받는 알제리 출신 축구 선수들

유명한 축구 선수 중에는 알제리 출신이 많다. 아스날과 맨체스터시티에서 뛰었던 사미르 나스리*Samir Nasri*, 2022년 레알마드리드의 간판 공격수인 카림 벤제마*Karim Benzema*도 알제리계 프랑스인이고, 레스터시티에서 이적해 맨체스터시티에서 뛰고 있는 리야드 마레즈*Riyad Mahrez* 또한 알제리 국적을 가진 선수이다. 알제리 출신은 아니지만 알제리 출신 부인을 만난 축구 선수 프랑크 리베리*Franck Ribéry*도 있다.

알제리 출신 축구 선수들은 대부분 공격에 특화되어 있다. 유목 민족 특유의 강인함과 북부 아프리카에 위치한 카르타고 용사들의 피가 흐르는 덕에 공격수로서의 자질이 뛰어난 것은 아닐지 추측해본다.

축구 경기에 열광하는 시민들

알제리 국가 대표의 경기가 아니더라도 축구 경기가 있는 날이면 많은 사람이 축구 경기를 보여주는 카페에 모인다. 알제리에서는 축구 경기를 유료 케이블 방송에서만 해주는 터라 이에 가입하지 않은 집에서는 볼 수 없기 때문이다. 알제리 출신 선수가 나오면 카페에 있는 모든 사람이 환호한다. 한국 사람들이 축구 경기를 볼 때와 비슷한 분위기다.

알제리에서는 지네딘 지단이 감독으로 있는 레알마드리드 팀이 인기가 많다. 최근에는 리야드 마레즈 덕분에 맨체스터시티의 인기도 많이 높아졌다고 한다.

2019년 아프리카네이션스컵이 이집트에서 열렸다. 예선에 아프리카 51개국이 참가했고 총 24개국이 본선에 출전했는데 조별 리그에서 C조에 편성된 알제리는 같은 조의 세네갈, 케냐, 탄자니아를 모두 꺾고 조 1위로 가뿐하게 16강에 올라갔

● 축구에 열광하는 알제리 시민들

다. 그 후로는 연전연승이었다. 알제리 축구 대표 팀은 결승에
서 같은 조였던 세네갈과 접전 끝에 무패 우승으로 2019년 아
프리카네이션스컵을 마무리했다.

알제리 사람들의 축구 사랑은 정말 남다르다. 한국을 기억
하는 방식도 축구와 연관지어 기억한다. 아직도 가끔 한국인이
라고 하면 "4대 2?"라고 하는 사람들이 있다.

최악의 경기를 보여준
2014년 한국과 알제리의 축구 경기

2014년 브라질월드컵에서 한국과 알제리가 조별 리그에서 맞붙었다. 당시 한국은 알제리를 상대적 약체로 평가했다. 그도 그럴 것이 1985년도 이후로 양국 간의 경기가 없었고 심지어 그 당시에는 한국이 2대 0으로 승리했다. 피파 랭킹으로는 한국(당시 57위)이 알제리(당시 22위)에 비해 많이 뒤처져 있었지만 한국 여론은 알제리 축구 대표 팀에 대해 잘 알지 못했기 때문에 이유 없는 자신감으로 승리를 기대했다.

결과는 한국 축구 경기 사상 최악의 경기로 꼽힐 만큼 참담했다. 한국은 슈팅 한 번 제대로 해보지 못하고 전반전 내내 끌려다니다가 세 골을 내주었다. 다행히 후반전에 두 골의 만회골을 터트렸지만 알제리도 한 골을 추가해 최종 점수 4대 2로 대패했다. 우리에게는 뼈아픈 기억이다.

그 당시 알제리는 조 2위로 16강에 올랐다. 충분히 좋은 기량을 보여주었던 알제리이지만 대진운은 좋지 않았다. 16강전의 상대가 우승 후보 독일이었던 것이다. 알제리는 독일을 상대로 저력을 보여주었지만 연장전까지 가는 접전 끝에 패했다. 그해 월드컵 우승팀이 독일이었던 것을 생각하면 조금만 더 대진운이 좋았더라면 알제리가 더 좋은 결과를 보여주었으리란 아쉬움이 남는다.

2014 FIFA WORLD CUP™ - HIGHLIGHTS
KOREA REPUBLIC 2-4 ALGERIA

● 2014 브라질월드컵 당시 조별 예선에서 한국이 4대 2로 패배했다.

알제리에서 가끔 축구 이야기를 하면 아직도 브라질월드컵 이야기를 하는 사람이 많다. 알제리가 브라질월드컵에서 좋은 모습을 보여준 이유도 있지만 알제리 사람들이 축구를 얼마나 사랑하는지 자국에 대해 얼마나 자부심을 가지고 있는지 알 수 있는 대목이다.

알제리 국가 대표 축구 경기가 날이면 알제리 이민자가 많이 살고 있는 파리나 마르세유에서는 이면 알제리 국기를 들고 거리를 활보하는 알제리계 프랑스인을 쉽게 볼 수 있다.

추위에 취약하지만
더위에는 최적화된 건물

알제리는 분명 따뜻한 나라이다. 겨울에도 영하까지 내려가는 경우는 거의 없다. 하지만 북부 아프리카에서 살아본 사람들은 알제리의 겨울을 절대로 만만하게 보면 안 된다고 입을 모아 말한다.

알제리의 겨울을 이겨내려면 전기매트와 전기담요가 필수이다. 추위에 익숙한 우리나라 사람이 알제리의 겨울을 춥게 느끼는 이유는 무엇일까?

가장 큰 원인은 습한 날씨이다. 한국의 건조한 추위와는 다르게 알제리의 습한 추위는 실제 느끼는 추위를 더욱 극대화해준다. 젖은 옷을 입고 있을 때 체온을 더 빨리 뺏기는 것과 비슷하다. 게다가 알제리를 비롯한 북부 아프리카 지역은 겨울에 비가 자주 내리기 때문에 실제 온도보다 더 춥게 느껴진다.

주거 시스템도 한몫한다. 알제리는 우리나라처럼 온돌식 보일러가 아니다. 대부분 라디에이터로 난방을 한다. 라디에이터가 설치된 곳 주변에만 온기가 있기 때문에 방 전체가 따뜻하지 않아 더 춥다.

알제리 집이 추운 이유

대부분의 알제리 집은 지은 지 오래되었다. 오래된 집은 최근에 지어진 집에 비해 상대적으로 단열제가 충분하지 못하다. 물론 최근에 짓는 집도 한국과는 비교가 되지 않을 정도로 단열재가 부족하다. 그러다 보니 추운 겨울에 냉기를 제대로 막아주지 못하고 벽이 금방 차가워진다. 차갑게 식은 벽 탓에 방 또한 따뜻하지 않다.

이러한 상황에서 더 춥게 만드는 것은 방바닥이다. 알제리 집의 바닥은 대부분 대리석과 같은 돌이다. 이러한 재질은 물청소하기에는 적합할지 모르지만 겨울만 되면 바닥에서부터 올라오는 한기로 인해 집 안이 더 추워진다. 그래서 알제리에서는 차가운 방바닥을 조금이라도 덜 춥게 만들기 위해 카펫을 깔아두곤 한다. 집집마다 거실에 커다란 카펫이나 러그가 깔린 있는 데는 다 그럴만한 이유가 있는 것이다.

● 맨 위층이 다 지어지지 않은 채 있는 알제 시내 주거 단지

● 시내 주거 단지는 집 사이의 간격 없이 지어진 경우가 많다.

알제리의 집이 추위에 취약한 또 다른 이유는 이중창 구조가 거의 없다는 것이다. 한국은 대부분의 창문이 이중으로 되어 있어 창문을 열어두지 않는 한 실내의 열 손실을 막아 주어 많이 춥지 않다. 하지만 알제리는 오래된 집이 많고 창문 틈 사이로 바람이 들어와 밖보다 실내가 더 추운 경우도 있다.

알제리의 겨울을 이겨낼 수 있는 방법

알제리에서 겨울을 이겨내기 위한 몇 가지 방법을 소개한다.

첫째, 실내의 한기를 최소화하기 위해 조그만 카펫이라도 깔아두는 것이 좋다. 청소하기 어려운 재질로 된 카펫은 먼지가 많이 나고 관리가 어려우니 천 소재의 카펫을 깔도록 한다.

둘째, 실내용 슬리퍼는 필수이다. 바닥에서 올라오는 한기를 막을 수 있다. 슬리퍼는 여름용과 겨울용 털 슬리퍼를 각각 준비하는 것이 좋다. 대리석 바닥이 대부분이라 꼭 겨울이 아니더라도 발이 시리다는 느낌을 받기 때문이다.

셋째, 수면 양말, 수면 바지, 털 달린 옷을 챙겨야 한다. 기본적으로 실내가 서늘하기 때문에 체온을 뺏기지 않을 만한 옷을 구비하는 것이 좋다. 어떤 종류의 옷을 준비하든 상관 없지만 가능하면 털이 많이 달린 옷을 챙겨두도록 한다. 특히 잠을 자는 동안에는 체온이 빨리 떨어져 갑자기 한기를 느껴 잠이

깰 수 있다. 일반적으로 알제리 가정에서는 털옷을 입고 지내고 여성은 숄 같은 것을 어깨에 두른다.

넷째, 문틈이나 창틀 사이로 들어오는 바람을 막기 위해 문풍지를 챙기자. 알제리의 집은 대부분 오래되었거나 최근에 지어졌다고 해도 창틀에서 바람이 숭숭 들어오는 경우가 다반사이다.

하지만 무엇보다 중요한 것은 전기매트와 전기담요이다. 전기세가 한국보다는 저렴하지만 온풍기는 온종일 틀어놓아도 별로 따뜻하지 않기 때문에 추천하지 않는다.

알제리의 겨울은 생각보다 길다. 11월 말부터 서늘해지면서 12~1월까지 비가 내리고 추위가 지속된다. 3~4월이 되어도 저녁에는 춥다.

여름에 최적화된 알제리의 주택

겨울에 추운 알제리의 단점은 이 사실 여름에는 장점이 된다. 기본적으로 차가운 대리석 바닥은 실내를 시원하게 유지해준다. 집 안 전체에서 느껴지는 한기가 더운 여름에는 큰 장점으로 바뀌는 것이다.

겨울에는 춥기만 하던 통풍이 잘 되는 구조 또한 여름에는 바람이 잘 들어와 열기를 금방 없애준다는 장점이 있다. 물론 햇빛이 계속 들어오는 방이라면 다소 덥게 느껴질 수 있지만 대부분의 알제리 건물은 실내에 들어가면 시원한 느낌을 주어 에어컨과 같은 냉방 가전제품이 없어도 창문만 열어둔다면 시원하게 여름을 보낼 수 있다. 물론 더위가 기승을 부리는 한여름에는 에어컨이 필요하지만 이때도 햇빛이 직접 내리쬐지 않는 건물 내부는 마치 지하실에 있는 것처럼 서늘하다.

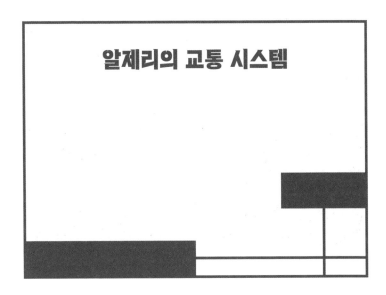

알제리의 교통 시스템

도로에 신호등이 없다는 건 말도 안 된다고 생각할 수 있지만 알제리에는 신호등을 거의 찾아볼 수 없다.

특수한 장소 외에 대부분의 거리에는 신호등이 없다. 신호등뿐 아니라 차선이 없는 경우도 많다. 차선도 신호등도 없는 알제리에서 운전은 어떻게 하고 또 사람들은 길을 어떻게 건너는 걸까?

신호등이 없는 알제리의 도로

알제리에 신호등이 없는 이유는 크게 두 가지이다.

● 알제 인근 고속도로는 항상 정체되어 있다.

첫째, 사거리에 회전 교차로가 많기 때문이다. 회전 교차로
는 유럽에서 흔히 볼 수 있는 통행 시스템이다. 회전 차량이 먼
저 통행할 수 있다는 규칙만 알면 신호등이 없어도 크게 문제
가 되지 않는다. 교통량에 따라 상황이 달라질 수 있지만 서로
양보만 잘한다면 효율적인 시스템이다.

둘째, 교통경찰이 많기 때문이다. 알제리에서는 경찰이 신
호등 역할을 하는데 이들은 교통질서를 통제하고 치안을 강화
해준다. 교통경찰의 손짓 하나로 양쪽 2차선 도로가 필요에 따
라 3차선이 되기도 하고 1차선이 되기도 한다. 교통의 흐름에
따라 경찰이 융통성 있게 교통량을 조절해야 하므로 융통성 없
는 경찰이 있는 도로는 심각하게 정체되기도 한다.

처음에는 알제리의 교통 시스템이 이해되지 않았다. 한국처럼 신호등을 설치하는 게 더 낫지 않을까 생각하기도 했지만 알제리에 살다 보니 경찰이 직접 교통을 통제하는 게 교통 혼잡을 해소하는 데 효율적이라는 것을 알게 되었다.

한국에서도 혼잡한 교차로는 사람이 교통정리를 하는 것처럼 상황에 따라 교통량을 통제하는 것은 기계로 할 수 없는 일이다. 게다가 알제리에서는 전력 공급이 원활하지 않아 정전을 자주 일어나기 때문에 신호등이 마비되거나 고장 났을 때 신속하게 보수 공사를 할 수 없다면 신호등을 설치하는 것은 효율적이지 않은 일이다.

알제리의 고속도로와 도로 규정

알제리의 고속도로는 수도인 알제를 중심으로 동서횡단 고속도로와 남북 간 고속도로가 있다. 남북 간 고속도로는 2019년에 만들어져서 2022년 현재 아직 115킬로미터밖에 되지 않는다.

알제리의 대표적인 고속도로는 동서 간 고속도로이다. 서부 지역 고속도로는 알제리 최서단인 모로코 인근 트렘센 윌라야에서부터 알제까지 558킬로미터에 달하는 노선이고, 동부 지역 고속도로는 알제부터 튀니지 인근에 있는 엘타프 윌라야까지 658킬로미터에 달하는 노선이다.

동서 간 노선을 합치면 1,200킬로미터가 넘어 한국에서 가장 긴 경부고속도로(416킬로미터)보다 약 세 배 정도 길다. 알제리의 고속도로에는 톨게이트 시스템이 제대로 갖춰지지 않은 곳이 많다. 2021년부터 차츰 톨게이트 설치를 하고 있다.

알제리도 우리나라만큼 과속에 엄격하다. 시내 규정 속도는 시속 50킬로미터이고, 고속 국도는 시속 100킬로미터, 고속도로는 시속 120킬로미터까지 가능하다.

운전을 하다 보면 경찰들을 자주 마주치데 과속뿐 아니라 신분증 검사를 비롯해 여러 가지 이유로 단속하기도 한다. 경찰이 보인다면 규정 속도 이하로 속도를 줄여서 지나가야 한다.

알제리는 이슬람교를 믿는 나라라서 음주 운전에 대한 처벌이 엄격하다. 음주 운전으로 단속에 걸리면 면허 정지뿐 아니라 5년 이하의 징역에 처한다.

알제리의 대중교통 수단

알제리는 대중교통이 잘 발달되어 있지 않아 많은 사람이 자가용을 이용한다. 대중교통이 발달하기 어려운 이유는 사람들이 특정 지역에 밀집해 거주하는 것이 아니기 때문이다.

수도인 알제 윌라야는 크기가 서울의 두 배이지만 인구는 3분의 1도 되지 않는 300만 명 수준이다. 그래서 대중교통 노

● 알제 시내 길게 늘어진 택시 행렬

선도 적고, 있다고 해도 배차 간격이 불규칙해서 불편하다. 알
제 시내에 가면 도요타 코스터라는 30인용 버스에 40명 이상
이 탑승해 있는 모습을 흔히 볼 수 있다.

　물론 일부 구간에는 지하철이나 트램 등의 교통수단이 있
다. 하지만 한정된 노선만 운행하고 있어 많은 사람이 연식이
오래된 자동차라도 자가용을 이용하는 것을 선호한다.

　알제리 사람들은 자가용만큼이나 택시도 많이 이용한다. 현
지에 사는 한국인의 경우 언어가 잘 통하는 택시 기사를 만나
면 개인적으로 번호를 알아두었다가 필요할 때마다 콜택시처
럼 이용하는 경우도 있다. 요금은 원래 미터기로 책정되어야 하
지만 미터기를 켜놓지 않는 경우가 부지기수이다. 보통 거리에

따라 흥정해서 가격을 정한다.

한국 사람들은 말이 통하지 않기도 하고 바가지요금을 당할 우려도 있어 한 번 택시를 타고 나가면 기사와 미리 돌아올 시간을 정해 그 차를 다시 타고 돌아오는 경우가 많다. 이 경우 택시 요금은 1만~1만 5,000원가량이다. 택시 기사에게 운전뿐 아니라 물건을 가져다주고 받는 일도 부탁하기 때문에 믿고 같이 일하는 기사에게는 조금 더 요금을 지불하기도 한다.

보행자 조심

신호등이 없다는 것은 횡단보도도 없을 가능성이 높다는 뜻이다. 횡단보도가 있더라도 신호가 있는 게 아니라서 눈치껏 교통 흐름을 파악해 길을 건너야 한다.

횡단보도가 없는 곳도 보행자가 건너면 곧 횡단보도가 되곤한다. 이런 모습은 다른 북부 아프리카의 나라에서도 자주 볼 수 있는데 안타깝게도 고속도로에서조차 무단 횡단을 하는 경우가 종종 있다 보니 사고도 자주 일어난다. 알제리에서는 작은 접촉 사고부터 큰 사고까지 교통사고가 빈번하다.● 길을 건

● 알제리 정부의 발표에 따르면 2020년 교통사고 사망자는 2,294명이며 부상자는 9,963명에 달한다. 하루 평균 여섯 명 이상이 사망한 것이나 다름없다. 물론 세계보건기

● 횡단보도 없이 보행자와 차량이 서로 눈치 게임을 하고 있다.

널 때는 항상 차를 조심해야 한다. 의도치 않게 무단 횡단을 할 수밖에 없는 상황이 자주 찾아오기 때문이다.

특히 라마단 기간에는 더욱 더 조심해야 한다. 식사를 제대로 하지 못해서 마음이 급해진 운전자들로 인해 교통사고가 평소보다 많이 발생한다.

구에 따르면 공식 집계와 실제 교통사고 사망자 수에는 두 배가량 차이가 있다고 한다.

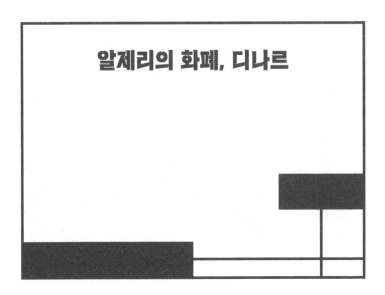

알제리의 화폐, 디나르

알제리의 화폐는 디나르이다. DA 혹은 'ﺩ로 표기하며, 환율은 경제 상황에 따라 가변적이지만 대략 1,000디나르가 우리 돈으로 1만 원 정도 한다.

한국과 비교하면 물가가 그렇게 비싸지 않다. 보통 1,000디나르를 가지고 장을 보면 3~4인이 한 끼 먹을 수 있을 정도의 고기나 채소류를 구매할 수 있다. 물론 현지에서 대학을 갓 졸업한 사람들이 우리 돈 30~40만 원 수준의 월급을 받는다는 것을 감안하면 물가가 싸기만 한 것은 아니다.

알제리는 유가에 영향을 많이 받는 나라이다. 2020년 우크라이나 전쟁과 같은 외부 요인으로 유가가 많이 상승하기는 했지만, 2010년대 이후 미국의 셰일가스 채취로 유가가 낮아져

● 알제리 화폐 디나르

경제에 큰 타격을 입었다. 외환 보유고가 적어지다 보니 이때
부터 반입·반출되는 외화에 제약이 많아졌다. 입국 시 반입하
는 외화를 제대로 신고하지 않으면 외화를 반출하는 것이 불
가능하다. 따라서 장기 체류하기 위해 외화를 많이 가지고 올
사람은 입국할 때 외환을 제대로 보고해야 한다. 출국할 때 외
국인을 보면 세관에서 지갑부터 확인한다.

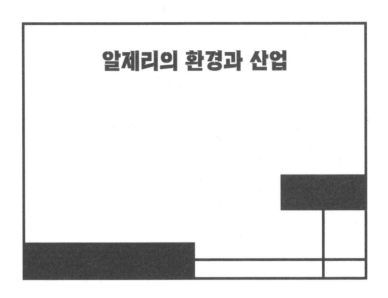

알제리의 환경과 산업

화석 연료 강국

알제리는 전 세계적으로 천연가스 보유량이 많은 나라이다. 전 세계로 따지면 약 10위권에 위치해 있으며 아프리카 대륙에서는 나이지리아 다음이다. 1958년 처음으로 알제리에서 천연가스가 발견된 후 알제리는 천연가스 개발에 박차를 가했고 1961년 상업적으로 생산했다.

알제리의 경제에서 천연가스가 차지하는 비중은 엄청나다. 전체 수출에서 석유·가스 분야가 차지하는 비율이 90퍼센트에 달하며 세계 유가의 변동에 따라 알제리 경제도 함께 영향을 받는다.

● 알제리 최대 석유 가스 생산 단지 인 살라 가스

전기가 부족한 알제리

석유 가스 생산량에 비해 알제리의 전력 생산은 그다지 좋지 못하다. 2017년만 해도 하루에 정전이 한두 번씩 일어났다. 갑작스러운 정전은 전자 기기에 치명적인 손상을 가져온다. 특히 업무 시간에 정전이 되어 컴퓨터가 고장 나는 것은 상상만으로도 끔찍한 일이다.

이런 환경 때문에 많은 회사에서 노트북을 쓰거나 갑작스러운 정전에도 전원이 바로 나가지 않게 무정전전원장치^{UPS}를 달아놓는다. 규모가 큰 주택의 경우 소규모 발전기를 달아 갑작스러운 정전에 대비하고 있다.

알제리에서 전기가 부족한 이유는 충분한 양의 전력을 생산하지 못하기 때문이다. 알제리 인구의 대부분은 북부 지역에 살고 있다. 많은 인구가 몰려 있다 보니 전기 공급이 수요를 충분히 감당하지 못해 대정전 사태가 발생하는 것이다. 알제리 정부는 고질적인 전력 문제를 해결하기 위해 화력발전소 건설을 추진하고 있다. 발전소 건설에 상당한 기술을 보유하고 있는 한국이 이 사업에 참여해 많은 실적을 올리고 있다.

알제리의 기업 환경

알제리는 경제 분야에서 아직까지 완전히 개방되지 않았다. 그러다 보니 세계적인 기업도 많이 진출하지 않은 상황이다.

수도인 알제에 까르푸나 일부 가전제품 회사가 있지만 맥도날드, 스타벅스 같은 글로벌 기업은 아직 입점해 있지 않다. 해외 자본이 알제리에 들어오려면 현지 업체와 합작 회사를 차려야 하는 등 제약 사항을 충족시켜야 해서 진출이 용이하지 않은 것으로 보인다.●

● 세계은행이 2019년 발표한 자료에 따르면 알제리는 사업 수행 편의도에서 전 세계 190개 나라 중 157위였으며, 회사 건립 편의도에서는 152위, 소규모 투자자 보호에서는 179위를 차지한 바 있다.

● 한국의 알제리 화력발전소 프로젝트 현장

알제리에서 가장 큰 기업은 석유 관련 회사인 소나트락 Sonatrach이다. 아프리카의 유명 잡지 〈쥔아프리크Jeune afrique〉에서 선정한 아프리카 주요 500대 기업에도 포함된 바 있다. 2018년 기준 전체 근로자 수가 18만 명에 달하는 이 거대 기업이 알제리 경제에서 차지하는 비중은 상당하다. 한국 기업들이 참여한 화력발전소 프로젝트도 소나트락이 참여하거나 발주한 경우가 대부분이다.

아프리카 자유무역지대와 알제리 경제 발전 가능성

아프리카 대륙은 무궁무진한 미래의 땅이다. 13억이 넘는 인구와 그중 다수를 차지하고 있는 젊은 청년들이 아프리카의 미래이다. 현재의 경제 규모로만 봐도 아프리카는 충분히 매력적인 땅이다. 아프리카 전체는 약 3조 4,000억 달러(한화 3,700조 원)에 달하는 경제 규모를 가지고 있다.

이러한 아프리카의 경제 통합을 가속화시키는 것이 '아프리카 자유무역지대AfCFTA, African Continental Free Trade Area'이다. 아프리카 대륙 간 자유무역지대의 출범으로 역내 교역이 활발해질 예정이다.

사실 아프리카 대륙에 있는 나라들은 서로 간의 협력이 부족했다. 이웃 나라를 가기 위해 유럽을 경유해야 할 정도로 서로 간의 교류가 부족했다. 하지만 이러한 문제가 조금씩 해결되고 인적, 물적 교류가 활발해지면서 아프리카 대륙은 무섭게 성장할 것으로 기대하고 있다.

아프리카 지역 나라들의 평균 경제 성장률은 3~4퍼센트 수준이다. 역내 교역으로 교통 인프라가 확충되다 보면 유럽에 의존적이었던 많은 분야가 아프리카 지역 내 시장으로 넘어올 것이고, 그러면 시너지 효과가 발생해 경제 성장은 더욱 가속화될 전망이다.

이러한 추세에서 알제리의 역할은 더욱 기대된다. 알제리는 아프리카에서 가장 큰 나라이자 풍부한 석유 가스 자원을 가지고 있다. 유럽과 접근성도 좋아서 아프리카에서 생산한 물건들을 지중해 연안 나라에 수출할 수 있다.

이웃 나라 모로코처럼 유럽보다 낮은 인건비와 젊고 유능한 인력들을 통해 제조업 분야에서 더욱 발전할 가능성이 있다. 넓은 국토에는 수많은 관광 명소가 숨어 있다. 이러한 보석들을 발견해 관광 상품으로 발전시킨다면 유럽뿐 아니라 아프리카 대륙 내 다른 나라의 관광객이 끊임없이 방문할 것이다.

하지만 우려되는 부분도 많다. 우선 아프리카 자유무역지대가 실질적 역할을 하기에는 논의되어야 할 부분이 많다. 개방의 범주를 어디까지 할 것인지 정해야 한다. 특정 나라의 경제를 완전히 다른 나라에 종속시키는 방식으로 통합이 이루어지면 결국 강대국이 모든 과실을 독점하는 방향으로 흘러갈 수도 있다.

뿐만 아니라 아직 교통 인프라가 부족해 서로 간의 교류가
생각보다 쉽게 진행되지 않을 수도 있다. 실제로 알제리 국적
기인 에어알제리의 경우 전 세계 44개국에 출항하고 있지만
그중 아프리카 대륙 내 나라는 10개국뿐이며 이조차도 대부분
북서부 아프리카 나라에만 집중되어 있다.

한국의 알제리 화력발전소 건설 프로젝트

2003년 북부 아프리카 국가수반으로는 처음으로 압델라지즈 부테플리카*Abdelaziz Bouteflika* 알제리 대통령이 한국을 국빈 방문했다. 이에 대한 화답으로 2006년 노무현 전 대통령도 알제리를 방문했다. 양국 정상이 오가면서 그에 따른 후속 사업들이 꽃을 피웠다. 노무현 전 대통령의 아프리카 방문으로 '제1차 한-아프리카 포럼'이 발족되었고 아프리카와 우리나라 간의 협력의 장이 열렸다.

이때 우리나라 기업들이 눈을 돌린 곳이 알제리이다. 이미 중동에서 건설 경험이 있던 대기업과 중견 기업이 알제리의 숙원 사업이었던 화력발전소 건설 사업에 뛰어들었다. 보통 한 프로젝트가 한국 돈으로 6,000억 정도 되는 규모였는데 2014년 입찰 공고가 나온 일곱 개의 복합화력발전소 중 여섯 개를 한국이 수주에 성공했으니 어마어마한 규모가 아닐 수 없다. 내가 알제리에 간 이유도 여러 개의 화력발전소 프로젝트 중 하나에 참여하기 위해서였다.

나는 예전부터 아프리카 지역에 관심을 갖고 있었고 특히 프랑스어권 아프리카 나라의 개발 협력에 관심이 많았다. 개발 협력에서 가장 중요한 것을 '물(식수)'이라고 생각했다. 처음 알제리에 발을 내딛게 된 것도 알제리의 상수도 공급망 설계 프로젝트에 참여하면서부터였다. 이후 나의 관심사는 식수에서 전기로 넘어갔고 실제로 한 나라를 발전시키는 가장 큰 원동력이 전기라는 생각에 복합화력발전소 프로젝트로 범위를 넓혀갔다.

복합화력발전소

복합화력발전소라고 하면 생소하게 느끼는 사람이 많다. 복합화력발전소를 설명하기 전에 화력발전소에 대해 먼저 간단히 알아보자.

화력발전소는 화석 에너지를 연소시켜 가열한 물로 수증기를 만든 후 그 수증기로 터빈(프로펠러)을 돌려 전기를 만드는 것을 말한다. 복합화력발전소는 터빈을 돌리기 위해 만든 열을 이용해 다시 한 번 전기를 만드는 것을 말한다.

한국은 복합화력발전소를 만드는 데 상당한 노하우를 가지고 있고 그 기술력을 인정받아 해외 시장에서 두각을 나타냈다. 물론 최근에는 중국 기업이 낮은 비용을 앞세워 경쟁이 치열해지고 있지만 알제리 건설 시장에서 한국 기업은 꾸준하게 수주를 이어나가고 있다.

2018년 이낙연 전 국무총리가 알제리를 방문했을 때 대우의 라스지넷 복합화력발전소 현장을 방문한 적이 있다. 앞으로도 한국 기업들이 지속적으로 수주를 이어나갔으면 좋겠다. 알제리의 부족한 전력난 해소에도 도움이 되고 우리 기업도 발전하는 한·아프리카 상생의 시대가 도래하기를 꿈꿔본다.

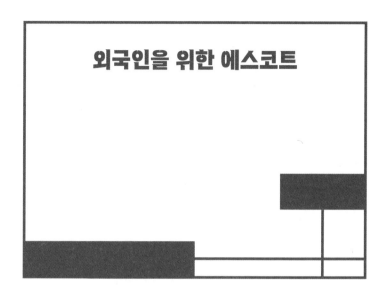

외국인을 위한 에스코트

알제리에 살면서 에스코트를 안 받아본 한국인은 아마 없을 것이다. 에스코트 하면 왠지 모르게 끝없이 이어진 기다란 차량 행렬 같은 이미지가 떠오른다. 대통령이나 유명 인사가 방문했을 때 길게 늘어선 행렬의 중심에서 경찰의 보호를 받는 모습은 상상만으로도 마음이 설렌다. 그러나 알제리에서 외국인을 위한 에스코트는 그런 상상과는 전혀 다르다.

외국인를 위한 에스코트가 있는 이유는 안전 때문이다. 알제리는 한국과 달리 거대한 영토를 가지고 있고 지방 도시로 갈수록 통제가 잘 되지 않는다. 테러나 납치가 발생할 수 있는 지역도 있다. 에스코트는 외국인이 사고를 당하는 것을 미연에 방지하기 위한 방책이다.

알제리에서 에스코트라는 것은 외국인이 알제리 내 윌라야에서 다른 윌라야로 이동할 때 경찰들이 동행하는 것을 말한다. 예를 들어 수도가 있는 알제 윌라야에서 제2의 도시인 오랑 윌라야로 이동하려면 경찰에 사전 협조를 구해서 에스코트를 받아야 한다. 다만 같은 윌라야 내 지역을 이동하는 데는 지장이 없다.

외국인이 에스코트를 받으려면 사전에 헌병대에 통보해야 한다. 적어도 일주일 전에 공문을 보내 요청하지 않으면 에스코트를 담당하는 경찰이 오지 않는 상황이 발생할 수 있다. 가급적 미리 약속을 잡고, 그런 다음에도 다시 한번 스케줄을 확인하는 편이 좋다. 그렇지 않으면 출국이나 중요한 미팅을 위한 출장 때 에스코트 헌병대가 오지 않아 제시간을 지키지 못하는 불상사가 생길 수 있다.

에스코트가 시작되면 헌병의 인도하에 이동하기 때문에 일반 차량들이 홍해 갈라지듯 길을 내주는 진풍경이 벌어진다. 에스코트는 기본적으로 윌라야와 윌라야 간의 이동을 관할 지역 헌병이 해주는 것이라서 윌라야가 바뀔 때마다 다음 관할 지역 헌병으로 교대해야 한다. 그런데 윌라야 경계에 교대할 헌병들이 대기하고 있는 것이 아니라서 다음 관할 헌병이 올 때까지 오랜 시간 기다려야 하는 경우가 종종 생긴다.

● 에너지부 장관이 방문했을 당시 에스코트 행렬

● 윌라야 경계에서 에스코트 담당 경찰이 교대를 위해 대기하고 있다.

2013년 외국인 피랍 사건

알제리는 긴 독립 전쟁을 겪고 독립을 쟁취했지만 독립 이후에도 내부 상황이 좋지 않아 무장 단체의 테러가 잦았다. 이러한 이유로 알제리 정부는 외국인이 정해진 주거지역 외의 타 지역으로 넘어가는 경우 신고하고 에스코트를 받게 했다.

에스코트 제도가 더욱 강화된 것은 2013년에 발생한 일본 엔지니어링 회사 주재원 피랍 사건 이후이다. 2013년 1월 16일, 복면을 쓴 20여 명이 외국계 기업의 천연가스 개발 현장을 급습했다. 경비 인력들이 지키고 있었지만 예상치 못한 습격에 경비대는 속수무책으로 당했고 외국인 및 현지인 다수가 테러리스트에게 피랍되었다. 이들은 북부 아프리카 알카에다 소속의 '복면여단'이라는 단체였다. 해당 프로젝트에 참여한 나라는 다양했지만 그중 가장 큰 피해를 입은 나라가 일본이었다. 이 사건으로 일본인 아홉 명이 목숨을 잃었다. 이후 알제리는 외국인에 대한 에스코트를 더욱 강화했다.

차창을 닦으려고 몰려드는 아이들

퇴근 시간만 되면 알제 시내는 수많은 차로 북새통을 이룬다. 비좁은 틈 사이를 어떻게든 끼어들기 위해 앞차와 닿을락말락할 정도까지 간격을 붙인다. 알제 시내 대부분에서 교통 체증이 일어나지 특히 심한 지역이 있다. 그런 지역에는 어김없이 말리 출신의 아이들이 모여든다.

아이들이 창문을 닦아주겠다고 외치며 멈춰 있는 자동차 사이로 다가온다. 어떤 아이들은 묻지도 않고 창문에 비누칠을 한 후 쓱싹쓱싹 유리창을 닦기 시작한다. 큰돈을 달라고는 하지 않는다. 동전 몇 개만 주면 된다. 어떤 아이들은 우리나라의 뻥튀기 같은 과자를 들고 좁은 차 사이사이를 지나다니며 물건을 판다. 대부분 말리에서 넘어온 아이들이다.

말리 내전과 사헬 지대의 미래

말리의 안보 상황은 2012년에 발생한 말리 내전 이후로 급속히 나빠졌다. 말리 내전은 말리 북부 지역에 살고 있던 일부 투아레그족의 반란으로 발발했다. 이들은 리비아 내전 당시 정부군에 속해 있던 용병으로 리비아 내전이 끝나면서 다시 말리 북부 지역으로 돌아온 후 말리로부터 독립하기 위해 무력을 행사했다.

내전은 일반 시민에게도 큰 영향을 끼쳤다. 전쟁을 피해 아이들은 혹독한 사하라 사막을 지나 알제까지 넘어왔다. 오는 도중에 얼마나 많은 아이가 죽어갔을까. 이들 중 일부는 다시 넓은 지중해를 건너기 위해 고무 보트에 몸을 싣는다고 한다.

여기서 잠깐 말리의 현 상황에 대해 알아보자. 말리의 안보 상황은 좋지 않다. 한국보다 열 배나 큰 크기에 인구는 한국의 절반 정도밖에 되지 않고 사람들은 여기저기 흩어져 살고 있다. 이 때문에 국경 지역의 안보를 지키기 위한 인력은 턱없이 부족하고 영토의 대부분이 아직 저발전 지역으로 남아 있어 외부에서 테러 단체들이 밀입국을 한다고 해도 이들을 통제할 방법이 마땅치 않다.

사헬 지역 내 테러 단체들은 워낙에 소규모로 넓은 지역에 분포되어 있어서 핵심 근거지를 소탕하는 방식이 아닌 작은 단체들을 개별적으로 해산시켜야 한다. 테러 단체를 없애기가 쉽지 않은 이유이다.

프랑스를 비롯한 유럽의 나라들이 지속적으로 사헬 지역의 안보에 관심을 갖고 있다. 사헬 지역의 안보가 확보되지 않으면 이 지역에 거주하는 이들이 생존을 위해 북부 아프리카를 거쳐 유럽으로 이주해올 수밖에 없기 때문이다. 이주민 문제는 유럽뿐 아니라 북부 아프리카에서도 큰 이슈로 작용한다. 그 때문에 사헬 지역의 안보 문제는 국제 사회에서 더 관심을 가져야 한다.

함께 생각하고 토론하기

알제리 사람들이 사는 모습을 살펴보면 우리와 비슷한 점도 많지만 다른 점도 많습니다. 앞에서 살펴본 것처럼 같은 겨울이라고 해도 단순히 기온만 보고 덜 춥다고 오해하면 안 됩니다. 우리와 다른 삶의 방식이 있다면 분명 그럴만한 이유가 있다는 것을 알게 되었습니다.

● 알제리 사람들과 우리의 닮은 점과 다른 점에 대해 이야기해봅시다.

알제리 사람들은 프랑스로부터 132년이라는 오랜 기간 동안 식민 지배를 받으면서 원치 않아도 일상생활에서 프랑스어를 자주 사용할 수밖에 없었습니다.

● ● 만약 우리나라가 일본에 132년 식민 지배를 받았다면 우리의 언어 체계는 어떻게 바뀌었을까요? 또 우리가 하루에 얼마나 많은 외래어를 쓰고 있는지 생각해봅시다.

3부.
역사로 보는 알제리

한 번 발사된 총알은
총구로 다시 돌아올 수 없다.

고대부터 로마 제국의
지배를 받기까지

고대에서 누메디아까지

알제리에 처음으로 인류가 살았던 것은 180만 년도 더 이전부터이다.[8] 이 지역에서 발견된 화석을 기반으로 추정해보면 알제리에 처음 살았던 사람은 아프리카 동부 지역에서 사하라 사막으로 이주해온 사람들로 추정된다.[9]

이후 튀니지와 인접한 알제리 동부 지역에 베르베르족의 조상들이 살기 시작했다. 이 지역은 인접 고대 국가들의 잦은 공격을 받으며 발전해왔다. 이 시절의 문화유산은 많이 발견되지 않았지만 동굴에 남아 있는 벽화들을 통해 인류가 조금씩 북부 아프리카에 터전을 잡았다는 사실을 확인할 수 있다.

● 알제리 남부 타실리 나제르 지역의 벽화

고대를 지나 문화가 조금씩 발전하게 된 것은 기원전 12세기경 페니키아인들이 해상로를 따라 북부 아프리카 지역을 점령하면서부터이다. 이들의 영향력은 지금의 모로코 북부 탕제 지역까지 뻗어나갔다.

베르베르족은 페니키아의 영향력 속에 있었지만 그들에게 복속되지는 않았다. 무역을 할 때도 동맹을 유지하면서 페니키아인들의 선진 농업 기술을 배우기도 했다. 일부는 이들을 피해 산간 지역에서 유목 생활을 계속해나갔다.[10]

북부 아프리카에서 가장 거대한 왕국은 '누메디아'로 지금의 튀니지와 알제리 국경 지역에 있었다. 이 지역은 지도상으로도 이탈리아 남부 섬들과 근접해 있어 지속적으로 교류하면서 발전했다. 기원전 200년경에 베르베르족의 조상들은 현재의 알제리 동부에 위치한 시르타(콘스탄틴 인근) 지역을 중심으로 연합 왕국을 건설했다. 이 왕국이 누메디아이다. 그러던 중 페니키아는 튀니지를 기점으로 '카르타고'라는 도시 국가를 이루게 되었고 카르타고와 로마가 지중해 패권을 두고 전쟁을 치렀다.[11]

한니발과 스피키오 아프리카누스

베르베르족이 세운 누메디아 왕국은 카르타고의 멸망에 큰 영향을 끼쳤다. 누메디아의 왕 마시니사*Massinissa*가 로마의 스피키오 아프리카누스*Publius Cornelius Scipio Africanus*와 동맹을 맺고 카르타고를 무찌르는 데 협력했던 것이다. 이때 로마와 카르타고가 치렀던 전쟁이 유명한 '포에니 전쟁'이다.

카르카고는 당시에 이탈리아 남부 시칠리아섬의 남서부 지역을 지배하고 있었다. 이에 로마는 시칠리아를 탈환하기 위해 카르타고와 전쟁을 벌였다. 카르타고는 강력한 해군을 가지고 있었고 로마군은 강력한 육군을 가지고 있었다.

해군력이 충분치 않아 해상 전투에서 승산이 없다고 판단한 로마군은 해전을 육지전으로 바꿀 묘안을 생각해냈다. 상대방 배 갑판으로 넘어갈 수 있게 배 안에 코버스*Corvus*라고 불리는 가교를 설치하는 것이었다. 코버스 덕분에 로마군은 카르타고군을 무찌를 수 있었다. 하지만 코버스는 배의 무게 중심에 문제를 일으켜 배가 전복될 수도 있는데 실제로 중요한 전투를 앞두고 폭풍우에 로마군의 함대가 전멸하는 사건을 겪기도 했다. 하지만 로마는 결국 1차 포에니 전쟁에서 승리해 시칠리아를 지배했다.[12]

포에니 전쟁 이후 카르타고는 로마와의 직접적인 충돌을 피해 스페인 남부 지역으로 영토를 확장했다. 카르타고의 수장 한니발은 스페인 남부 지역에서 북부 지역으로 점차 영역을 넓혀갔다. 당시 로마군은 카르타고가 스페인에서 영향력을 넓히는 것에 대해 걱정했지만 그렇다고 큰 위협으로 보지는 않았다. 왜냐하면 카르타고가 로마로 군대를 이끌고 와 로마와 전

● 로마 수군의 비장의 무기 코버스

면전을 치르려면 스페인 북부의 피레네 산맥과 프랑스와 이탈리아 사이에 있는 알프스 산맥을 넘어야 했기 때문이다.

하지만 한니발은 그 어려운 일을 해내고야 말았다. 두 개의 큰 산맥을 넘어 이탈리아 북부까지 온 것이었다. 로마군은 이미 포에니 전쟁으로 시칠리아섬에서 카르타고의 코끼리 부대와 상대한 적이 있었지만 이탈리아 북부에서 코끼리 부대를 이끌고 온 한니발에 대한 공포는 상당했다. 한니발은 파죽지세로 로마 영토의 많은 부분을 빼앗았다. 1차 포에니 전쟁에서 빼앗긴 시칠리아섬까지 되찾으면서 카르타고가 곧 로마를 이길 것처럼 보였다.

하지만 카르타고가 로마의 영토를 빼앗는 과정에서 병력이

● 스피키오 아프리카누스 동상

분산되었다. 로마는 이 기회를 놓치지 않고 스피키오 아프리카누스 장군을 스페인으로 파견했다.

스피키오 아프리카누스 장군은 스페인 내 카르타고 영토를 다시 로마로 탈환했으며 시칠리아섬까지 재탈환하는 데 성공했다. 이 과정에서 한니발 장군은 이탈리아 남부에 고립되었고 전세는 로마군 쪽으로 점점 기울어져 갔다.

로마는 북부 아프리카의 누메디아인들과 동맹을 맺고 카르타고를 공격했으며, 한니발은 본국을 지키기 위해 어쩔 수 없이 이탈리아에서 카르타고로 송환되었다. 하지만 로마군을 이기기에는 전세가 너무 많이 뒤집혀 있었다. 스피키오 아프리카누스 장군은 2차 포에니 전쟁을 승리로 이끌었다.[13]

카르타고가 멸망한 것은 3차 포에니 전쟁 때문이었다. 카르타고는 로마와 동맹을 맺고 있던 누메디아를 공격했지만 로마가 항전하면서 어려움을 겪었다. 로마에 맞서는 카르타고의 저항은 상당했다. 꺼지기 직전의 불꽃처럼 카르타고는 죽음을 불사하고 싸웠다. 하지만 3년에 걸친 로마의 공격을 이겨내지 못하고 결국 멸망의 길을 걷게 되었다.

카르타고의 멸망 이후 로마와 손을 잡았던 누메디아도 그리 오래가지 못했다. 서부에 위치한 마우레타니아*에 의해 멸망했고 북부 아프리카 지역은 결국 로마에 귀속되었다.

로마에서 비잔틴 제국으로

북부 아프리카 지역은 빠르게 로마화되었다. 농사짓기에 매우 적합한 날씨라서 로마 제국을 위한 포도주, 올리브, 과일 및 곡물을 생산하는 식량 기지가 되었다. 농업 생산성은 점점 발달해 나중에는 로마 제국에서 소비되는 곡물의 60퍼센트가량을 북부 아프리카에서 공급했다.[14] 이 시대의 영향으로 알제리 일부 도시에는 로마 시대의 유적이 남아 있다.

무너지지 않을 것만 같았던 로마 제국은 반달족으로 인해 쇠락의 길을 걷게 된다. 반달족의 영향력은 점차 남하해 스페인을 지나 북부 아프리카까지 뻗쳤다. 약탈을 일삼았던 반달족은 베르베르족에게 반감을 샀다.

이후 동로마 비잔틴 제국이 해상 장악력을 갖추고 반달족을 물리치면서 북부 아프리카의 패권은 다시 이탈리아 반도로 넘

• 현 모리타니아 지역 왕국

● 알제리 북부 티파자에는 로마 시대 유적의 흔적이 많이 남아 있다.

어갔다. 비잔틴 제국은 로마 시대의 영광을 되찾으려고 노력했지만 오랜 시간 동안 로마의 강압적인 지배를 받은 북부 아프리카에는 로마에 대한 뿌리 깊은 반감이 있었다.[15]

스피키오 아프리카누스 이름에서 아프리카 명칭이?

스피키오 아프리카누스의 이름을 따 '아프리카'라는 명칭이 생겼다고 말하는 경우도 있지만 사실은 이와 반대로 아프리카에서 카르타고군을 격파해서 수여받은 명칭이 '아프리카누스'이다. 아프리카라는 어원은 북부 아프리카 리비아의 원주민을 가리키던 '아프리*Afri*'에서 왔다고도 하고 라틴어의 '아프리카*Aprica*(햇빛이 내리쬐는)'가 어원이라는 설도 있다.[16]

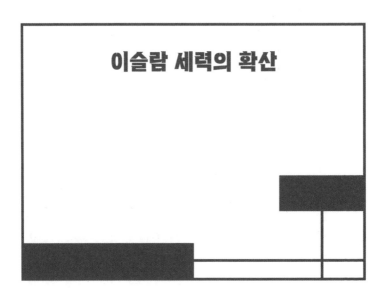

이슬람 세력의 확산

이슬람교의 정착과 트렘센 왕국

알제리에서 이슬람교가 들어오게 된 것은 7세기 무렵이었다. 하지만 실제로 다수의 신도를 갖게 된 것은 8세기부터였다. 북부 아프리카 지역이 이슬람교로 빠르게 개종할 수 있었던 것은 이슬람 세력이 북부 아프리카 사람들에게 맞는 정책을 펼쳤기 때문이다. 오랜 지배로 생겨난 로마에 대한 반감과 이슬람 세력이 제공한 과세에 대한 혜택 등은 북부 아프리카 사람들에게 매력적으로 다가왔고 빠르게 이슬람 문화 속으로 스며들었다.

자연스럽게 이슬람 왕조들이 마그레브 지역에 건설되었지

만 대부분 오랜 기간 세력을 유지하지 못했고 하나의 큰 왕국을 건설하는 데 실패했다. 그러던 중 12세기에 들어서면서 지금의 모로코, 알제리, 튀니지 지역을 아우르는 '알모하드'라는 거대한 제국이 탄생했다.

하지만 알모하드 제국도 채 100년이 안 되어 해체되었고 이후 알제리 서부의 트렘센을 중심으로 트렘센 왕국이 건설되었다. 트렘센 왕국은 300년이 넘는 기간 동안 동부와 서부 국가들을 이어주는 가교 역할을 하면서 중간 교역으로 발전해왔다.[17]

스페인과 오스만 제국의 지배

스페인 남부 지역에서는 이슬람 왕국의 공격으로 이슬람 문화 영향권에 있는 지역들이 생겨났다. 하지만 15세기가 되면서 스페인은 자국 내 무슬림들을 몰아내기 시작했고 더 나아가 북부 아프리카 지역까지 쳐들어왔다.

스페인인들은 지리적으로 가까운 모로코 북부 지역뿐 아니라 점점 동쪽으로 영향력을 뻗쳐 왔다. 이를 저지하기 위해 베르베르족들은 오스만 투르크와 힘을 합쳤고 이때부터 알제리 지역에 오스만 제국이 등장했다.

사실 스페인과 북부 아프리카는 카르타고 시대부터 서로 영

● 스페인 알함브라 궁전은 북부 아프리카 건축 양식과 유사하다.

향을 주고 받아왔다. 카르타고는 로마와의 전투를 위해 2차 포에니 전쟁에서 스페인의 피레네 산맥을 넘어가기도 했으며 지브롤터 해협을 중심으로 스페인 남부와 지금의 모로코 북부 지역을 서로 지배하기도 지배당하기도 하면서 공유된 문화를 갖게 되었다. 이 때문에 현재까지도 스페인 남부 안달루시아의 문화는 북부 아프리카와 유사하며 알함브라 궁전도 북부 아프리카 지역의 건축 양식을 차용하고 있다.[18]

오스만 제국이 강력한 영향력을 갖게 된 시기는 세계 무역의 중심이 지중해에 있던 때다. 동방에서 온 모든 상품은 튀르키예●를 지나갈 수밖에 없었고 지중해를 중심으로 교역이 이루어지면서 오스만 제국은 이러한 부를 통해 강력한 힘을 유지할 수 있었던 것이다.

하지만 세계 교역의 중심이 지중해에서 대서양으로 넘어가면서 오스만 제국의 영향력은 점차 약화되었다. 과거와 같은 강력한 힘을 유지하지 못하자 북부 아프리카 지역의 나라들에 대한 통치도 점차 약해지기 시작했다. 300년 넘게 이어오던 오스만 제국의 영향력은 아프리카로 영향력을 넓히려는 프랑스에 의해 끝을 맺게 되었다.[19]

● 터키는 영문 나라 표기를 'Türkiye(튀르키예)'로 바꾸겠다는 요청을 유엔에 했고, 유엔은 2022년 6월 30일 이를 승인했다. 한국 정부도 공식적으로 이때부터 터키를 '튀르키예'라고 표기하고 있다.

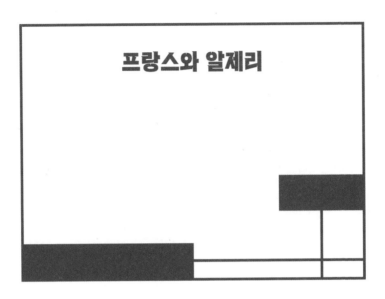

프랑스와 알제리

모든 것의 시작, 후세인 데이 부채 사건

오스만 제국이 알제리 북부 지역을 섭정 통치하던 시절 섭정을 '데이Dey'라고 불렀다. 오스만 제국의 섭정 통치는 300년 동안 이어져오면서 알제리를 비롯한 지중해 인근 나라에서 영향력을 발휘했다. 기나긴 섭정 통치의 끝을 알린 것은 알제리의 마지막 섭정 후세인 데이였다.

19세기 초 유럽은 12여 년 동안 치러진 나폴레옹 전쟁으로 혼란스러운 시기였다. 이 시기 영국과 프랑스는 지중해 지역에 대한 패권에 관심을 갖고 호시탐탐 지켜보고 있었다. 그러던 중 프랑스에게 기회가 찾아왔다. 프랑스군은 군사들을 먹

● 후세인 데이에게 뺨을 맞는 프랑스 영사

일 곡식을 알제에 거주하는 두 명의 상인에게서 구매했다. 우
연하게도 이들은 그 당시 섭정이었던 후세인 데이에게 빚을 지
고 있었다. 이들은 후세인 데이에게 자신들의 빚만큼 프랑스에
곡식 값을 받으라고 이야기했다.[20]

후세인 데이는 상인들에게 받아야 할 돈을 프랑스에게 받기
로 하고 프랑스 영사인 피에르 드발Pierre Deval을 만나 협상했다. 하
지만 피에르 드발의 제안은 후세인 데이가 납득할 수 없는 수준
의 것들이었다. 협상이 잘 이루어지지 않아 답답했던 후세인 데
이는 화를 참지 못하고 부채로 피에르 드발의 뺨을 때려 버렸다.

후세인 데이의 오만이 부른 참사였다. 프랑스는 후세인 데이가 자국 영사의 뺨을 부채로 때리는 행위에 대해 외교적 결례라며 크게 분노했다. 이 당시 프랑스는 알제리로 영향력을 확장시키기 위해 군대를 보낼 명분을 찾고 있었다. 프랑스는 후세인 데이에게 사과를 요구했지만 그는 사과하지 않았고 프랑스는 이때를 놓치지 않고 지속적인 사과를 요구하며 알제 연안을 해군 병력으로 봉쇄했다. 순식간에 일어난 일이었다. 1830년 결국 프랑스군은 알제를 점령했다.

프랑스의 알제리 정복 전쟁

초기에 프랑스는 북부의 일부 항구 도시만 지배하고 있었지만 그 후 알제리 남부로 영향력을 확장해나갔다. 1834년 알제리에 프랑스 총독이 임명되면서 알제리 정복 전쟁이 시작되었다.

이와 비슷한 시기에 알제리 최초의 독립 운동가 에미르 압델카데르가 나타났다. 그는 알제리 서부 전선을 시작으로 프랑스군과 맞서 싸웠으며 그를 추종하는 세력이 늘어나면서 프랑스군에게는 상당히 어려운 존재로 부상했다.

에미르 압델카데르의 부대는 신식 장비로 무장한 프랑스군과 비교했을 때 우위에서 밀리는 듯 했지만 신출귀몰한 게릴라전을 통해 지속적으로 프랑스군을 괴롭히면서 난전을 이끌

● 영토의 많은 부분을 프랑스에게 넘겨준 타프나 조약

었다.[21] 프랑스군은 이미 수복한 지역이라고 생각한 지역에서 지속적인 게릴라전으로 소모전이 발생하자 에미르 압델카데르와의 휴전 협상을 고려하게 되었다.

1837년 에미르 압델카데르는 프랑스인들이 많이 거주하고 있는 대도시 지역을 제외한 알제리의 3분의 2에 해당하는 영토에 대해 자치권을 인정받는다는 내용의 타프나 조약*Treaty of Tafna*을 맺었다. 사실상 알제리의 승리였다.

하지만 평화는 오래가지 않았다. 프랑스군은 1842년 다시 알제리 정복 전쟁을 시작했다. 이때 프랑스군은 과거 에미르 압델카데르의 게릴라전으로 큰 어려움을 겪었던 것을 기억하고 이번에는 완전히 전의를 상실하게 하기 위해 초토화 작전을 펼쳤다.

이에 알제리는 점점 남부 지역으로 쫓겨갔고 1872년 프랑스가 카빌리 지역을 정복하면서 알제리의 정복 전쟁은 일단락되었다.[22]

전쟁은 많은 희생자를 낳았다. 역사학자들은 프랑스가 알제리 정복 전쟁을 펼친 40여 년 동안 약 82만 명의 알제리 사람이 사망한 것으로 추정하고 있다.[23]

그러나 프랑스의 알제리 정복 전쟁은 끝난 것이 아니었다. 프랑스는 20세기 초까지도 영토 확장을 위해 사하라 사막 인근에 거주하고 있던 베르베르 유목민들과 전투를 이어나갔다. 지금의 알제리 영토가 확정된 것은 1936년의 일이다.

알제리를 본토화시키려는 프랑스의 식민 정책

프랑스에게 알제리는 영국의 인도와도 같았다. 아프리카 대륙에서 처음 발을 딛게 된 나라였고, 알제리를 중심으로 아프리카 대륙 내 식민지를 확장할 계획이었다. 프랑스는 다른 나라들은 식민 지배 혹은 보호국으로 지배했지만 알제리는 본국 영토의 일부로 여길 정도로 특별하게 생각했다. 그래서 알제리와 본토를 융화시키려고 노력했고 행정과 법률 전반에 있어서 양국을 하나로 만들어나갔다.

알제리는 프랑스와 유사해졌고 수많은 프랑스인이 알제리로 넘어왔다. 기존에 땅을 가지고 있던 사람들은 이주해온 프랑스인들에게 땅을 빼앗겼고 척박한 땅이나 산간 지역으로 피할 수밖에 없었다. 프랑스인들에게 가장 호의적이었던 까빌리 족조차도 결국 산악 지대에 머무를 수밖에 없었다.[24]

프랑스는 알제리를 본토와 같이 융화시키려고 노력했지만 알제리 사람들을 동일한 국민으로 사회에 융화시키려는 노력은 하지 않았다. 땅에만 관심이 있고 사람은 관심이 없었다.

알제리 사람들에 대한 차별은 점차 심해졌다. 심지어 당시 프랑스 총리까지 역임했던 쥘 페리Jules Ferry는 "우리는 열등한 인종을 문명화할 임무가 있다."라고 말하기도 했다. 프랑스에게 알제리는 전략적으로 중요했지만 알제리 사람들에 대해서는 차별적인 대우가 이어졌다.

프랑스에서는 시민의 권리를 위해 싸웠음에도 본토 바깥에 있는 시민들에 대해서는 차별적이었다. 실제로 프랑스는 알제리 사람들을 2등 국민으로 취급했고 프랑스인으로 귀화하기 위해서는 개종할 것을 요구했다. 이는 알제리인으로서의 정체성을 버리라는 것과 같은 행위였다.

1865~1930년까지 프랑스 국적을 취득한 알제리 사람은 4,000여 명에 불과했다. 정치에서도 알제리 사람들의 목소리는 제한되었다. 전체 의석 중 알제리 출신은 3분의 1에 불과했다. 알제리 내 인구로 따지면 10퍼센트에 불과한 프랑스인들이 나머지 3분의 2에 해당하는 의석을 차지했다. 알제리 사람들을 대변할 수 있는 목소리는 극히 제한될 수밖에 없었다.[25]

알제리 저항의 시조, 에미르 압델카데르

에미르 압델카데르. 그의 이름에서 에미르는 '사령관, 총독'이라는 의미를 가진 아랍어로 제후●의 칭호이기도 하다. 수많은 전투에서 승리하면서 에미르 압델카데르는 주변으로부터 정치적으로 더 높은 지위를 제안받았지만 자리에 욕심이 없다며 이를 수락하지 않고 알제리 통합에만 힘을 썼

● 에미르 압델카데르 초상화
(Ange Tissier, Ministère des Beaux-Arts, 1852)

다. 또한, 전투와 관계없이 프랑스 포로들에게는 관대한 모습을 보였다.

하지만 프랑스군이 일방적으로 평화 조약을 깨고 난 후 결국 1847년 전쟁에서 패하고 투옥되었다. 1852년 5년간의 복역 끝에 알제리를 교란하지 않겠다고 약속한 후 석방되었다. 이후 그는 시리아 다마스쿠스로 이주해 1860년 기독교인들에 대한 대학살을 막기 위해 노력했고 프랑스 정부로부터 훈장을 받기도 했다.

● 중동의 나라이자 항공사로도 유명한 아랍에미레이트의 에미레이트는 '제후'라는 뜻이고, 제후들이 모여서 만들어진 나라라는 뜻을 갖고 있다.

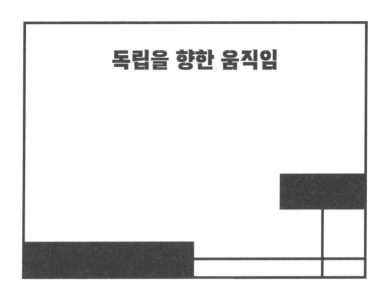

독립을 향한 움직임

세계대전이 발발한 이후 알제리를 비롯한 많은 프랑스 식민
지 국민은 본국을 지키기 위해 전쟁에 참여했고 목숨을 잃었
다. 프랑스는 전쟁이 발발할 때마다 알제리의 참전을 요청했다.

1차 세계대전에 약 30만여 명에 달하는 알제리 청년이 참전
했다. 전쟁만 끝나면 독립을 할 수 있다고 믿으며 많은 청년이
전장으로 향했다. 2차 세계대전에서도 마찬가지였다. 프랑스
군은 독일군에 프랑스 북부 전역을 빼앗긴 상황에서 어렵게 역
전을 계획하고 있었다. 샤를 드골Charles de Gaulle 장군은 알제리
의 수도 알제에 임시정부를 구성하고 전쟁을 준비했다.

알제리 사람들은 프랑스를 돕기 위해, 또 그들의 독립을 위
해 참전했다. 이 전쟁에서도 수많은 알제리 사람이 희생당했

다. 그들은 전쟁에서 승리하면 알제리가 독립할 수 있을 거라고 믿었다. 2차 세계대전에서 연합군이 승리했지만 알제리 사람들이 염원했던 독립은 이루어지지 않았다. 알제리는 전쟁이 끝나고도 20년이 더 지난 1962년에 프랑스로부터 독립할 수 있었다.[26]

소년의 죽음으로 시작된 무장 투쟁

프랑스는 2차 세계대전이 끝나면서 식민지를 유지할 여력을 점점 상실해갔다. 많은 식민지 나라가 독립을 염원했고 세계적 흐름을 거스를 방도가 없었다.

1946년부터 프랑스는 베트남과의 인도차이나 전쟁에서 패배하면서 식민지를 유지하는 것이 점점 어려워졌고 주요 식민지만 유지하기로 했다. 알제리를 제외한 다른 나라의 독립을 막을 방법이 없었다. 그러나 다른 나라보다도 프랑스인들이 많이 살고 있었고 오랜 시간 동안 중요한 역할을 해왔기 때문에 프랑스는 알제리를 포기할 수 없었다. 하지만 알제리 사람들은 오랜 기간 이어져온 차별 대우로 인해 프랑스에 악감정을 점점 키우고 있었다.

그러던 중 1945년 5월 8일 알제리 동부 지역에서 독립운동이 일어났다. 처음에는 평화적인 독립운동이었다. 알제리 국기를 들고 시민들이 나와 독립을 외쳤다. 하지만 프랑스는 알제리의 독립을 용인할 수 없었고, 알제리 사람들의 시위를 강경 진압하는 과정에서 열두 살짜리 알제리 소년이 사망하는 사건이 발생했다. 소년의 죽음은 이미 곪을 대로 곪은 알제리 사람들의 마음에 도화선이 되었고, 이때부터 알제리의 독립운동은 무장 투쟁으로 변모하기 시작했다.

동부 지역 독립운동을 진압하는 과정에서 프랑스 추산 1,500여 명의 알제리 사람이 사망했다고 한다. 하지만 역사학자들은 그보다 훨씬 많은 2만 여 명 정도가 희생되었을 거라고 추정하고 있다.

1945년은 한국이 독립한 해이기도 하다. 많은 나라가 2차 세계대전 이후 독립을 꿈꿔왔고 알제리도 마찬가지였다. 그러나 독립에 대한 약속은 지켜지지 않았다.

알제리 독립 전쟁의 시작

동부 지역의 참극 이후 알제리는 본격적으로 독립 전쟁을 준비했다. 이미 알제리 사람들은 전쟁에 익숙해져 있었다. 1, 2차 세계대전에 참전했던 용사들은 이제 프랑스를 위해서가 아닌 프랑스에 대항해 전쟁에 참여했다. 1954년 11월 1일 알제리의 독립 전쟁이 시작되었다.

● 1954년 독립운동이 한창이던 시기의
FLN 간부들의 사진

1954년 당시 알제리에는 800만 명 정도의 비프랑스계 알제리인과 100만여 명의 알제리 출신 프랑스인이 거주하고 있었다. 알제리 출신 프랑스인은 알제리에서 태어난 프랑스인 '피에누아 *Pied noir*'와 프랑스로 귀화한 유대인 등을 부르는 말이다. 이들은 처음부터 전쟁을 원했던 것은 아니었다. 평화로운 방식으로 알제리의 독립을 원했지만 여러 반대에 부딪혔다.

프랑스 제4공화국 내의 의견도 둘로 나뉘었다. 알제리를 프랑스 영토로 유지하자는 의견과 독립을 찬성하는 의견으로 국론이 양분되었다.

그즈음 프랑스군은 알제리에서의 전쟁에 승리하는 것처럼 보였지만 알제리 독립 전쟁의 양상이 게릴라전으로 전개되면서 희생자가 계속 발생했다. 구시가지인 카스바를 중심으로 끝없는 게릴라전이 이어지면서 프랑스군 사망자들이 속출했다. 프랑스군은 알제리 독립운동가들을 무력으로 진압했고 이 과정에서 수많은 사람이 소리 소문 없이 죽어나갔다.

샤를 드골의 등장과 본격화된 알제리 독립

프랑스 제4공화국은 2차 세계대전의 전쟁 영웅 샤를 드골이 돌아오면서 무너졌다. 샤를 드골은 새로운 헌법을 국민투표에 붙여 통과시키고 제5공화국을 설립했다. 샤를 드골의 등장 이후 많은 사람이 알제리가 프랑스의 영토로 남을 거라고 기대했지만 그의 생각은 달랐다. 알제리와의 전쟁으로 두 나라 간의 감정의 골이 깊어져 더는 알제리를 프랑스 식민지로 남겨둘 수 없다고 생각했다.

1961년 알제리 민족해방전선은 알제리에서의 게릴라전뿐 아니라 프랑스 본토에서도 저항 운동을 계획했다. 3만 명에 달

● 알제리에 방문한 샤를 드골 프랑스 대통령

● 알제리는 1962년 독립을 쟁취했다.

● 독립하던 해의 아메드 벤 벨라 초대 대통령과 후아리 부메디엔

하는 알제리 사람이 프랑스 파리에서 투쟁하기 시작했다. 프랑스 경찰들은 도시를 봉쇄하고 시위대를 무력으로 진압했다. 경찰들의 총구가 알제리 독립 시위대를 향했다. 시위대 중 일부는 경찰의 진압을 피해 센강에 스스로 몸을 던지기도 했고 경찰은 기절한 알제리 사람들을 센강으로 던지기도 했다.

경찰의 강경 진압으로 무고한 알제리 사람이 많이 사망했다. 프랑스 내에서도 알제리 독립을 찬성하는 목소리가 커졌고 알제리 사람들의 독립에 대한 염원도 더욱 커졌다. 결국 샤를 드골은 알제리 사람들에게 독립과 관련한 국민투표를 실시했다. 오랜 전쟁으로 지쳐 있던 알제리 사람들은 독립을 원했고, 1962년 3월 에비앙 합의 이후 알제리는 독립의 수순을 밟게 되었다.[27]

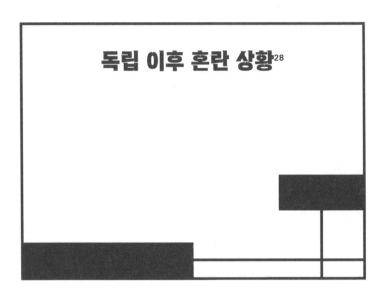

독립 이후 혼란 상황[28]

친프랑스계 사람들에 대한 공격

독립 이후 알제리에서는 프랑스 흔적 지우기가 가속화되었다. 알제리에는 프랑스를 지지하는 알제리 사람들도 있었다. 하르키*Harki*라고 불리는 친프랑스 성향의 알제리 사람들은 알제리 독립 전쟁에서 프랑스 정부에 협조했다.

독립 이후 이들은 알제리의 독립을 방해했다는 이유로 공격을 받았고 심한 경우 살해당하기도 했다. 이런 상황이 벌어지자 하르키들은 알제리의 독립과 함께 알제리를 떠나 프랑스에 정착했다. 하지만 프랑스 정부는 하르키에 대한 제대로 된 포용 정책을 펴지 못했다. 이들은 알제리와 프랑스 어디에도 융

화되지 못했다.[29]

알제리에 거주하고 있는 프랑스 출신 사람들도 무차별 공격을 받았다. 1962년에는 '오랑 학살 사건'이라고 불리는 피에누아에 대한 무차별 살해 사건도 일어났다. 적어도 300명 이상이 목숨을 잃은 것으로 추정되는 이 사건 이후로 알제리에 남아 있던 90만 명의 피에누아와 유럽인이 본국으로 돌아갔다.

정책적으로 본격화된 이슬람화

알제리의 초대 대통령 아메드 벤 벨라*Ahmed Ben Bella*[30]는 사회주의 성향이 강한 인물로 알려져 있다. 그가 대통령이 되면서 공동 경작과 대규모 산업화가 이루어졌으며 대부분의 유전을 국유화시켰다. 1970년대를 강타한 오일쇼크로 인해 원유 값이 천정부지로 치솟았을 때 아메드 벤 벨라 대통령은 많은 국부를 축적할 수 있었다.

차기 대통령으로 후아리 부메디엔이 집권한 이후 낙후된 지역을 중심으로 대대적인 도시화가 이루어졌다. 그는 프랑스어보다 아랍어로 말하는 것을 선호했다. 후아리 부메디엔 대통령의 친아랍 성향은 이후 지도자들의 정책에도 영향을 끼쳤고 중동 국가로부터 아랍어 교사를 대거 채용했다. 이때부터 알제리의 이슬람화가 본격적으로 이루어졌다.[31]

경제적·문화적 큰 변화가 생긴 1980년대

알제리 경제에서 석유가 차지하는 비중은 대단히 높았다. 수출의 95퍼센트, 국가 예산의 60퍼센트를 원유에 의존하고 있었다. 석유 의존도는 경제의 불균형을 초래했고 사회적 불안정으로도 이어졌다. 그러던 중 1980년대 원유 과잉 공급으로 유가가 폭락하면서 알제리 경제는 심각한 타격을 입었다.

1980년은 경제뿐 아니라 문화적으로도 중요한 사건이 일어난 해이다. 4월 베르베르족 언어인 타마지그어를 공식 언어로 채택하기 위해 카빌리족이 벌떼처럼 들고 일어났다. '베르베르의 봄'이라고 불리는 봉기가 바로 그것이다. 베르베르족의 정체성과 문화를 지키기 위한 운동이었지만 과잉 진압으로 인해 100명이 넘는 사망자와 수천 명의 사상자가 발생했다. 이 운동으로 인해 2002년 타마지그어가 공식 언어로 채택되었다.[32]

알제공항의 다른 이름 후아리부메디엔공항

후아리 부메디엔은 알제리의 두 번째 대통령이자 알제공항의 다른 이름으로도 유명하다. 미국의 존F케네디공항이나 프랑스의 샤를드골공항처럼 한 나라의 중요한 공항 이름을 전 대통령 이름으로 짓는 경우가 많다. 그만큼 후아리 부메디엔 대

● 알제리 2대 대통령 후아리
부메디엔

● 알제공항은 후아리부메르디엔공항이라도 불린다.

통령은 알제리에서 중요한 인물이다.

　그의 고향은 알제리 동부의 겔마이다. 이 지역은 과거 알제리 독립운동을 주도했던 도시 중 하나이다. 그는 10대 시절에 고향에서 발발했던 독립운동을 지켜봤고 많은 독립운동가가 프랑스에 탄압을 받으며 사망하는 것을 보면서 알제리 국민해방전선의 군인으로 활동하게 되었다고 한다.

　오랜 식민 기간으로 알제리 사람 대부분이 프랑스어를 모국어로 사용하는 와중에도 그의 가족은 프랑스어를 사용하지 않고 아랍어만을 사용했다고 한다. 이러한 성장 배경을 통해 그가 얼마나 자국의 언어와 문화를 소중하게 여겼는지 잘 알 수 있다. 그는 독립 전쟁 기간 동안 많은 전투에 참여했고 결국 대령까지 올랐다.

독립 이후 국방장관과 부통령 자리를 역임하기도 했지만 아메드 벤 벨라 초대 대통령을 무혈 쿠데타로 몰아내고 1965년부터 1978년까지 대통령직에 앉게 되었다. 이후 알제리의 근대화를 위해 체계적인 산업화 정책을 펼쳤다. 유가가 치솟으면서 그의 정책은 더욱 탄력을 받게 되었고 중공업을 발전시키면서 마그레브 공업의 중심으로 기대를 받았다.

그러나 희귀 혈관 질환으로 후아리 부메디엔 대통령이 1978년에 사망하면서 알제리의 경제 부흥 희망은 헛된 것이 되어버렸다. 그가 사망한 후 유가 폭락과 같은 악재가 겹쳐지면서 알제리의 경제가 쇠퇴했다.[33]

암흑의 시대, 알제리 내전

알제리가 독립하기도 전인 1954년부터 알제리의 정치를 주도해오던 민족해방전선에 대한 반감은 1980년대 말부터 높아져만 갔다. 민족해방전선은 사실상 군인 정권이었고 일부는 부정부패가 있다는 인식이 늘어나면서 국민들의 신뢰를 잃어갔다. 게다가 원유 가격이 폭락했고 알제리의 경제 상황까지 나빠지면서 정권 심판론이 거세졌다. 이런 상황에서 1988년에는 전국적인 봉기가 일어났다. 이 중에는 이슬람 급진주의자들이 주축이 된 이슬람구국전선FIS이 포함되어 있었다.

● 1992년 1월 무자비한 공권력으로 알제 시내는 혼란에 빠졌다.

1991년 알제리 총선에서 이슬람구국전선이 집권당인 민족
해방전선을 누르고 1차 선거에서 전체 232석 중 118석을 승리
했다. 이에 민족해방전선은 선거 결과에 승복하지 않고 투표를
무효화시키고 군을 장악했다. 뿐만 아니라 이슬람구국전선의
정치 활동에 대해서도 탄압했다. 이슬람구국전선은 이런 조치
에 대해 반항하면서 무장 투쟁을 시작했다. 많은 사람이 체포
되었고 공권력의 무자비한 탄압이 이어졌다. [34]

인권 탄압이라고 비난하는 국제 사회의 목소리가 커지는 가
운데 1992년 알제리 정부는 이슬람구국전선에 대한 전면전을
선포했다. 테러 저지를 위해 초기에는 14만 명이 동원되었으
나 나중에는 50만 명 이상이 테러 대응 전력으로 배치되었고

강경한 대응은 계속 이어졌다.

정부와 이슬람구국전선 간의 협상이 진전되지 않은 상황에서 1995년에 대통령 선거가 치러졌다. 이에 이슬람구국전선은 정부를 상대로 게릴라전을 감행했는데 이 게릴라전은 정부군에만 한정된 것이 아니었다. 이슬람구국전선의 무차별적인 공격으로 민간인 사상자가 발생했다. 이들은 정부와의 대화도 협상도 하지 않겠다는 강경한 자세를 취했고 갈등은 점점 깊어만 갔다.

1997년까지 양측의 갈등이 계속되었다. 결국 1997년 양측은 수많은 사람의 희생을 뒤로하고 잠정적인 휴전 협정을 맺었다. 휴전 협정 이후에도 개별적으로 활동하던 무장 단체들의 테러 활동이 이어졌다. 그 후 1999년 압델라지즈 부테플리카*Abdulaziz Bouteflika* 대통령이 취임하면서 반군에 대한 사면이 이루어졌고 점차 폭력 사태는 줄어들었다. 2002년이 되면서 11년간의 긴 내전이 드디어 막을 내렸다.

역사학자들은 이 시기를 '암흑의 시기'라고 부른다. 내전은 씻을 수 없는 상처를 남겼다. 200억 달러(한화 약 22조 원)가 넘는 금전적인 피해는 물론 군 병력뿐 아니라 민간인들까지 20만 명 이상이 죽거나 실종되었다. 지금도 그때의 테러리스트들이 북부 아프리카에 남아 있다. 이들은 알카에다와 협력해 북부 아프리카에 알카에다 본부를 만들었다. 훗날 이 단체가 서부 아프리카 사헬 지대 분쟁의 씨앗으로 남게 되었다.

민주화를 원하는 알제리 사람들

아랍의 봄

  2010년 튀니지 청년의 분신자살은 독재 정권에 대한 분노로 이어졌다. 이것이 튀니지의 혁명 '재스민 혁명'의 시작이었다. 2011년이 되면서 시위는 점차 전국적으로 커져 갔고 24년간 이어져오던 독재 정권이 무너졌다.

  이러한 움직임은 비단 튀니지에 국한되지 않았다. 오랜 시간 참고 있던 대중의 분노가 한꺼번에 폭발했다. 북부 아프리카에서 시작된 재스민 혁명은 중동의 많은 나라까지 그 영향력이 퍼져나갔고 그 결과 이집트와 예멘의 정권도 교체되었다.

  2012년까지 이어진 이러한 대중의 반정부 시위를 '아랍의

● 튀니지에서 시작된 아랍의 봄은 아직 꽃을 피우지는 못했다.

봄'이라고 부른다. 아랍의 봄이 이렇게 큰 영향력을 갖게 된 데
는 소셜 미디어의 힘이 컸다. 페이스북, 트위터 등 각종 소셜
미디어를 통해 일련의 사건들이 공유되면서 대중이 힘을 모으
는 데 큰 구심점이 될 수 있었다.

　하지만 아랍의 봄은 긍정적인 결과만 낳은 것은 아니었다.
시리아는 아랍의 봄 이후 내전이 발발했고 아직까지 상황이
나아질 기미가 없다. 튀니지도 장기간의 독재를 청산했지만
경제는 도리어 후퇴했다. 인플레이션과 자국 화폐의 가치 하
락으로 국민의 삶은 그다지 나아지지 않았다. 아랍의 봄 이후
10년이 지났지만 많은 나라에서 개혁에 따른 열매가 맺히지
는 못했다.[35]

알제리 히락 민중 운동

알제리의 경우 아랍의 봄 당시에 큰 변화를 이끌어내지는 못했다. 1999년부터 이어져온 압델라지즈 부테플리카 전 알제리 대통령의 영향력은 '아랍의 봄'의 영향이 남아 있던 2014년에도 변함이 없었고, 건강상의 문제로 국정 운영에 대한 우려가 있었음에도 재선에 성공했다. 그에게 또다시 5년의 임기가 주어졌다. 임기 내내 압델라지즈 부테플리카 대통령은 휠체어를 탄 모습을 보여주면서 건강에 대한 우려가 점차 심각해졌다.

2019년 81세의 나이로 다시 대통령 선거에 나온다는 이야기가 나오자 알제리 국민은 더 이상의 임기는 안 된다며 거리로 나섰다. 알제리의 실직자 문제는 점점 심각해져갔고 유가가 내려가면서 국가 경제는 더욱 악화되었다. 그 와중에 군부 세력은 현상 유지를 위해 국민을 탄압했고 이런 정부의 탄압은 오히려 국민이 서로 뭉치는 구심점이 되었다. 이때부터 시작된 알제리 국민의 민중 운동을 '히락*Hirak*'이라고 부른다.[36]

히락은 타마지그어로 '운동'이라는 뜻을 가지고 있는데 여기서의 운동이라 함은 시민운동을 뜻한다. 북부 아프리카를 뒤흔든 아랍의 봄과 히락은 부패한 기득권에 대한 일반 시민의 저항이라는 점에서 유사하다. 알제리의 아랍의 봄은 부패나 표현의 자유, 경제 위기 등 사회 전반에 대한 불만이 표출된 것이라면, 히락은 압델라지즈 부테플리카 대통령의 하야라는 분명

● 히락은 단순히 알제리 본토뿐 아니라 해외에 거주하고 있는 재외 국민들의 참여까지도 이끌어냈다. 몬트리올에서 진행된 히락의 모습

● 알제 시내를 가득 채운 시민들의 모습

한 목표를 가지고 있었다.

히락은 평화적인 방식으로 기득권에 대항한 시민운동이라는 점에서 그 의의가 있다. 알제리 국민은 자국에서의 시위만이 아니라 해외에서도 알제리 정권에 대해 목소리를 내는 시위를 이어나갔다.

결국 알제리 국민은 20년 동안 이어진 정권을 시민의 힘으로 교체해냈다. 알제리 청년들의 변화에 대한 갈망은 아직까지 이어지고 있다. 우리나라가 그랬던 것처럼 알제리도 조금씩 청년들의 힘으로 사회를 바꾸어나갈 것이다.

내전 이후의 알제리,
한국과의 파트너십[37]

내전이 끝나고 알제리는 경제를 살리기 위해 경제 개발 계획을 수립했다. 그 과정에서 수많은 인프라 건설을 계획했고 한국과 협력하게 되었다.

한국과 알제리는 1990년에 처음으로 수교했다. 알제리의 정치 체계가 사회주의 노선을 띠고 있었기 때문에 양국의 수교가 늦어질 수밖에 없었다. 알제리는 독립 직후인 1963년에 북한과 수교 후 한국에 대해 좋은 감정을 가지고 있지 않았다. 이러한 벽이 허물어진 것은 소련이 무너지면서 진영 간의 싸움이 없어진 이후였다.

양국 간의 관계가 두터워지는 데는 노무현 전 대통령과 압델라지즈 부테플리카 대통령이 양국을 방문하고 전략적 파트너십을 맺으면서부터이다. 양국 대통령의 방문 이후 두 나라 간의 교류가 활발해졌다. 대규모 알제리 화력발전소 프로젝트에 한국 기업들이 참여했다.

인프라를 확충하겠다는 알제리의 계획은 2010년대 이후 셰일가스로 인한 유가 하락이 더욱 심화되면서 난항을 겪고 있다. 알제리는 외화 반출을 막기 위해 수입품에 대한 규제를 강화하고 발전소 건설도 여러 가지 외부적 요인으로 인해 공사 기간이 늘어나면서 어려움을 겪고 있다.

이러한 경제 문제는 코로나19 팬데믹으로 더욱 악화되고 있다. 알제

● 노무현 대통령과 압델라지즈 부테플리카 대통령의 양국 방문은 알제리로의 진출의 교
두보가 되었다.

리의 코로나19 확진자는 약 10만여 명으로 아프리카에서도 많은 편에

속한다. 이로 인해 알제리는 취업난을 겪고 있으며 특히 젊은이들의 취

업문은 좁아지고 있다.

함께 생각하고 토론하기

알제리와 우리나라의 역사는 비슷한 부분이 많습니다. 양국 모두 오랜 시간 식민 지배를 받으며 강제 징용으로 남의 나라를 위해 피를 흘렸고 또 독립을 위해 싸우기도 했습니다. 근현대에 들어서는 내전으로 인해 동족 간의 아픔이 있었지요. 알제리는 1962년 프랑스로부터 독립해서 아직 독립한 지 60년도 채 되지 않았습니다.

● 한국은 35년간의 식민 지배를 받았지만 알제리는 132년간 프랑스에게 식민 지배를 받은 나라입니다. 한국이 만약 그렇게 오랜 시간을 지배받았다면 지금의 모습과 어떻게 달라졌을까요?

● ● 알제리의 역사에서 제일 흥미로웠던 부분은 어떤 부분이고 왜 그렇게 생각하나요?

4부

문화로 보는
알제리

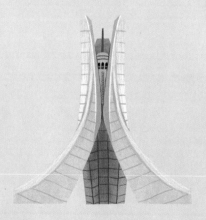

초대 없이 방문한 사람은
마구간에서 자게 된다.

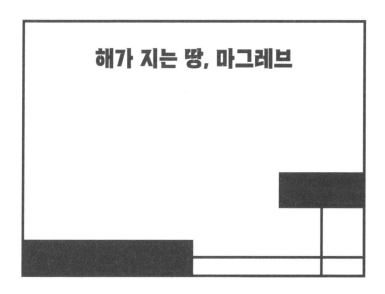

해가 지는 땅, 마그레브

북부 아프리카 지역을 일반적으로 '마그레브*Magreb*' 지역이라고 부른다. 마그레브라는 표현이 낯설게 느껴지는 이유는 아랍어가 어원이기 때문이다. 아랍어로 마그레브는 '서쪽'을 의미한다. 아랍 세계의 중심이 되는 중동 지역 나라를 기준으로 서쪽에 위치해 있어서 붙여진 이름이다. 이 때문에 마그레브● 지역을 '해가 지는 땅'이라고도 부른다.[38]

알제리에 살 때 나는 바닷가가 보이는 동네에서 살았다. 하루 일과를 끝내고 바라보는 석양이 유난히 아름다웠다. 한국

● 참고로 북부 아프리카의 가장 서쪽에 위치한 모로코의 아랍어 명칭이 바로 알 마그립(المغرب)이다.

에서도 일출을 보려면 동해안으로, 일몰을 보려면 서해안으로 가는 것처럼 마그레브 지역을 방문할 기회가 있으면 뜨거운 태양을 집어삼키며 붉은 하늘을 만들어내는 장관을 꼭 보기를 추천한다.

중동 국가와 마그레브 국가

마그레브 나라라고 하면 일반적으로 모로코, 알제리, 튀니지 세 나라를 의미한다. 하지만 마그레브 지역이라는 개념을 조금 더 넓게 보자면 리비아, 모리타니아 등 인근 나라까지 포함하고 있다. 이 경우 프랑스어로 '크다'라는 의미를 가진 '그랑Grand'을 앞에 붙여서 '그랑 마그레브'라고 부른다. 이렇게 지역의 개념을 확대해서 보는 이유는 실제로 이 나라들이 비슷한 점을 지니고 있기 때문이다.

모로코, 알제리, 튀니지 세 나라는 지리적으로도 가깝다. 언어적으로나 인종적으로 유사성을 보이고 공동의 문화를 공유하면서 각 나라마다 고유의 특수성을 가지고 있다.

마그레브 지역에 대해 이야기하다 보면 중동 지역과의 유사점과 차이점에 대해 물어보는 경우가 많다. 아랍어와 이슬람교라는 아주 큰 유사점이 있지만 서로 간의 물리적 거리만큼 상당한 차이점이 있다. 마그레브 나라 중 최서단에 위치한 모로코에서 사우디아라비아까지의 거리는 프랑스에서 우크라이나까지의 거리보다 멀고, 한국에서 인도까지의 거리와 비슷하다. 그러니 차이가 있을 수밖에 없다.

그럼에도 불구하고 북부 아프리카와 중동 지역은 잦은 교류를 이어왔다. 우선 마그레브 나라는 사하라 사막과 아틀라스 산맥이라는 큰 장애물로 인해 사하라 이남 아프리카 나라보다는 중동 지역과의 왕래가 더 잦았다. 특히 이슬람 문화를 공유하기 때문에 삶의 양식이 상당히 유사하다. 동아시아권에서 설날이나 춘절이라는 이름으로 비슷한 시기에 명절을 보내는 것처럼 이슬람 문화권도 비슷한 명절을 가지고 있다.

막상 북부 아프리카에서 지내다 보면 중동 지역과 다른 부분도 꽤 많다는 느낌을 받는다. 제일 먼저 떠오르는 차이점은 언어이다. '아랍어를 쓰기 때문에 비슷한 문화라고 했으면서 이게 무슨 뚱딴지같은 소리지?'라고 생각할 수도 있다. 사실 반은 맞고 반은 틀린 말이다. 아랍어는 북부 아프리카와 중동을 이어주는 매개가 되기도 하지만 또 서로의 차이점을 보여주는 것이기도 하다. 마치 한국에서도 전라도와 경상도 사투리가 서로 다른 것처럼 물리적으로 떨어져 있다 보니 지역별로 방언이 꽤 다르다. 심지어 이집트의 아랍어와 인근에 있는 사우디아라비아의 아랍어조차도 상당한 차이가 있다.

언어의 차이는 단순히 지역이 떨어져 있기 때문만은 아니다. 마그레브 지역은 프랑스 식민 지배의 영향으로 일상 언어

● 모로코, 알제리, 튀니지, 리비아, 모리타니아를 통틀어 그랑 마그레브 지역이라고 부르지만 실제로 마그레브 지역이라고 하면 튀니지, 알제리, 모로코 세 나라를 말하는 경우가 많다.

에 프랑스어 단어나 프랑스식 표현이 많이 섞여 있다. 그런 이유로 아랍어를 사용하는 사람들이 이해하기 어려운 경우가 많다. 같은 이슬람 문화권이지만 알제리 직원들이 이집트에서 출장 나온 직원과 간단한 대화 이외에는 말이 잘 통하지 않아서 영어로 대화하는 것을 본 적이 있고, 반대로 아랍어를 할 줄 모르는 내가 일상 대화에서 사용하는 아랍어 속 프랑스어 단어들만으로 대화 내용을 어렴풋이 이해할 수 있는 상황도 있었다.

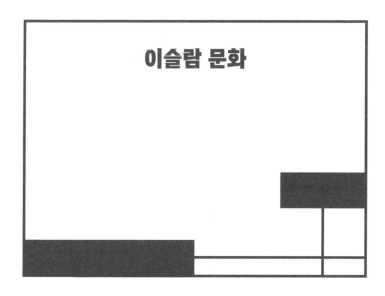

이슬람 문화

알제리의 국교는 이슬람교로, 국민의 약 98퍼센트가 이슬람교를 믿고 있다. 알제리 국기에도 이슬람교의 상징이 들어있으며 실제로 사회 전반의 많은 것이 이슬람교의 영향 아래에 있다.[39]

피부에 와닿는 생활 속의 차이점이라면 이슬람교를 믿는 나라들의 경우 일주일이 월요일부터 시작하는 것이 아니라 일요일부터 시작된다는 점이다. 일요일부터 목요일까지 일하고 금요일과 토요일에 쉬는 것이다. 금요일은 기도하는 날이기 때문에 주말도 우리와 다르다.

알제리 사람 대부분은 기도하기 위해 금요일에 이슬람 사원에 간다. 이로 인해 금요일에는 기도를 끝낸 오후 4시 이후에

나 가게 문을 연다. 이러한 문화적 특성을 잘 모르는 여행자의 경우 금요일에 기도를 하는 것은 알아도 대부분의 가게가 문을 열지 않는다는 사실을 몰라 당황하는 경우도 있다. 알제리 사람들은 금요일에는 거의 집에서 쉬는 게 일상이다.

기도하는 시간이 되면 방송이 울린다고요?

알제리에서는 하루에 다섯 번씩 기도 시간 방송을 들을 수 있다. 보통 '아단_adhan_'이라고 불리는 이 방송은 동네 모스크에서 확성기를 통해 울려 퍼진다.

하루에 다섯 번이다 보니 비교적 이른 시간인 새벽 5시에도 기도를 알리는 방송이 나온다. 다음 기도 시간은 점심을 먹고 난 후인 오후 1시이다. 이 때문에 많은 회사가 점심시간을 조절해 기도할 수 있는 시간을 충분히 확보해준다. 오후 3시에도 기도 시간이 있다. 이 때문에 업무 중에도 기도하기 위해 자리를 비우는 경우가 종종 있다.

물론 기도 시간에 모두가 동시에 기도하는 것은 아니고 또 무조건 다섯 번을 매일 해야만 하는 것도 아니다. 하지만 알제리 사람들은 가능한 기도 시간과 횟수를 맞추려고 노력한다.

금요일이 기도하는 날이다 보니 대부분 전통 의상을 입고 생활한다. 그리고 기도하는 날 꼭 먹는 음식이 있다. 바로 '쿠

● 알제 그랑모스크에서 기도드리는 모습

스쿠스^{couscous}'이다. 알제리 사람들은 성스러운 음식인 쿠스쿠스를 기도하고 난 다음 꼭 먹는다. 라마단 기간에도 해가 지고 난 후 처음으로 먹는 음식이 쿠스쿠스이다. 알제리 사람들에게 쿠스쿠스는 11세기부터 먹어온 역사 깊은 음식이며 기도하는 날과 라마단을 떠올리게 하는 종교적인 음식이다.

　이슬람 사원은 동네마다 있어서 어렵지 않게 찾을 수 있다. 지나가다가 우연히 몇 개씩 볼 수 있을 정도로 많다. 하지만 이슬람 사원에는 신도만 들어갈 수 있다. 최근 일부 나라에는 관광객도 들어갈 수 있는 사원이 있지만 기본적으로 알제리의 모든 모스크는 신도가 아니면 들어갈 수 없다.

　모스크를 방문하면 여성들이 상대적으로 적다. 여성들은 일

● 알제리에서 가장 큰 알제의 그랑모스크는 9년에 걸쳐 완공되었다.

부러 모스크에 나와서 기도하지 않아도 되기 때문이다. 대부분의 여성들은 집에서 기도하며, 모스크에 기도하러 오는 여성은 남성과 다른 공간에서 기도한다.[40]

신도라고 할지라도 바로 모스크에 들어갈 수 있는 것은 아니다. 들어가기 전 손과 발, 이마와 귀를 씻어야 한다. 이는 사원에 들어가기 전에 몸을 청결하게 하기 위해서이다.

코로나19가 발발한 후에는 많은 사람이 모여서 기도하는 이슬람 사원에 집합 금지 명령이 내려졌다. 코로나19 기간 동안 모스크를 갈 수 없어 많은 사람이 재택 라마단을 보냈다고 한다.[41]

할랄과 하람

아마도 이슬람교에 대해 잘 모르는 사람이라도 할랄과 하람에 대해서는 한 번쯤 들어본 적 있을 것이다. 할랄이라는 단어는 '허락된'이라는 의미를 가지고 있으며, 이슬람 율법에서 사용이 허가된 모든 것을 말한다. 일반적으로 음식에서 많이 쓰이지만 화장품이나 의약품 등 사용해도 되는 모든 것을

● 할랄 인증 마크

지칭하는 데 쓰인다. 음식에서 할랄 인증을 받았다는 것은 가축의 도축 방법이 율법에 맞는 방식을 따랐다는 것을 뜻한다. 또한 섭취해서는 안 되는 술과 돼지고기가 포함되지 않았다는 것을 의미하기도 한다. 돼지고기를 먹지 않는 이슬람 문화권에서는 돼지고기 대신 소고기와 양고기를 많이 섭취하는 편이다. 특히 양고기로 만든 음식은 매우 유명하다.

반대로 하람이라는 단어는 '금지된'이라는 의미로, 사용해서는 안 되는 것을 말한다. 나이지리아에서 활동하는 '보코하람[42]'이라는 무장 단체 이름에도 사용된 단어이다. 하람이라는 단어는 단순히 음식에 국한되지 않는다. 일상에서 해서는 안 되는 행동이나 사회적으로 금지된 것을 모두 하람이라고 표현한다.[43]

단순히 특정 가축으로 만든 음식을 먹지 않는 것뿐 아니라 그러한 재료를 사용한 모든 음식을 먹지 않는다. 예를 들어, 라면 스프의 경우 돼지고기를 사용했기 때문에 먹어서는 안 된다.

음식에는 특히 민감하기 때문에 할랄 마크를 확인하고 음식을 소비한다. 한국에서는 익숙하지 않지만 전 세계 식료품 시장에서 할랄이 차지하고 있는 비중이 매년 급성장해 20퍼센트에 달한다고 하니 절대로 소수의 이야기라고 생각할 수 없다.[44] 실제로 전 세계 인구의 4분의 1이 이슬람교 신자라고 한다.

인샬라 문화

이슬람 문화권에서 거주해본 사람들이라면 누구나 한 번쯤은 '인샬라*InshaAllah*'라는 말을 들어본 적 있을 것이다. 인샬라라는 말은 '신의 뜻대로 하시옵소서'라는 뜻이지만 상황에 따라서 그 의미가 주는 뉘앙스가 다소 달라진다.

예를 들어, 약속 날짜를 잡으면서 뒤에 인샬라를 붙이면 '특별한 변동 사항이 없다면 그날 보자'라는 뉘앙스가 있다. 또 어떤 일을 약속하면서 그것에 대해 장담할 수 없는 상황에서도 사용할 수 있다. 하늘의 뜻에 따라 행동하겠다는 의미를 가지고 있어서 확신할 수 없는 상황에서 앞으로의 상황을 두고 보면서 행동하자는 의미로 주로 사용한다.

이 때문에 사업하는 사람들은 인샬라라는 말을 부정적으로 이해하곤 한다. 마치 될 수도 있고 안될 수도 있다는 어투로 들리기 때문이다. 틀린 말은 아니다. 많은 현지 사람들이 여지를 남기기 위해 인샬라라는 말을 쓰기는 하지만 이것은 어디까지나 안될 수 있는 가능성을 열어두기 위해서이다.

사실 세상 일이라는 게 나의 뜻과는 다르게 흘러가는 경우가 많지 않은가. 노력은 하되 결과는 겸허히 받아들이자는 의미로 생각하면 좋을 것 같다. 반대로 내가 상대방과 약속할 때 인샬라라고 이야기하면 설령 약속을 완전히 지키지 못하더라도 마음이 한결 편안하기도 하다.[45]

무슬림의 크리스마스 마울리드

〈8월의 크리스마스〉라는 영화가 있다. 아직 보지는 않았지만 확실한 건 제목에서 겨울(크리스마스)과 여름(8월)이라는 상반되는 이미지가 함께 떠오른다는 것이다. 몇 년 전 오스트레일리아에 있었을 때 더운 크리스마스를 경험했던 적이 있다. 하지만 이슬람교도들에게는 실제로 8월의 크리스마스가 가능하다. 여기에서는 무슬림의 크리스마스 마울리드^{Mawlid}에 대해 알아보자.

마울리드는 이슬람교 무함마드^{Muhammad} 선지자의 탄생일로 이슬람력으로 3월 12일이다. 이슬람력으로 3월은 '라비우 아워왈^{Rabi' al-awwal}'이라고도 한다. 봄의 시작을 의미하며 행복의 시작이라고도 생각한다. 천주교와 기독교를 믿는 사람들에게 크리스마스가 아기 예수의 탄생을 축하하는 중요한 날인 것처럼 이슬람교를 믿는 사람들에게는 무함마드 선지자의 탄생일은 큰 의미가 있다.[46]

이슬람력은 매년 2주씩 앞당겨진다. 2016년에 12월 12일이 마울리드였으니까 계산해보면 2027년에는 마울리드가 8월이다. 그래서 '8월의 크리스마스'라고 할 수 있다. 같은 개념으로 라마단 또한 여름이 아니라 겨울에 올 수도 있다. 겨울에 라마단이 오면 상대적으로 여름의 라마단보다는 덜 힘들다. 기온도 뜨겁지 않고 무엇보다도 해가 일찍 지기 때

● 마울리드를 축하하는 행사

문이다. 해가 빨리 진다는 것은 라마단 하루하루가 조금 더 짧아진다는 것을 의미한다.

문득 추석이 매년 2주씩 앞당겨진다면 어떤 느낌일지 상상해보았다. 나는 추석이 되면 '이제 여름이 끝났구나'라는 생각을 한다. 기억 저편에 있는 명절을 떠올렸을 때 그때의 계절을 추억하는 것만으로도 얼마나 매력적인가. 물론 이슬람교도들에게는 더운 8월의 마울리드가 추억이 될 수도 있고 오히려 추운 마울리드가 기억에 남는 경우도 있을 것이다.

어느 12월의 총격전

내 생애 첫 마울리드가 아직도 생생하게 기억난다. 알제리에 도착한 지 얼마 되지 않았을 때여서 낯선 환경에 바짝 긴장한 데다 시차 적응도 되지 않았던 터라 일찍 잠자리에 들었다. 그때였다. 갑자기 총소리가 나기 시작했다. 전역한 지 한 달도 되지 않았기 때문에 확신할 수 있었다. 이건 분명히 총소리였다. 별별 생각이 다 들었다. 한밤중에 갑자기 총격전이 발생할 수도 있으니까. 놀라서 후다닥 1층으로 내려갔다. 총소리는 멈출 줄 몰랐다. 긴장해서 문도 제대로 열지 못했다. 총성이 조금 잠잠해진 후 문을 열자 담 넘어 옆집에서 불꽃놀이를 하고 있는 모습을 발견했다.

한번은 마울리드 기간에 높은 곳에 올라가서 시내를 바라본 적이 있었다. 우리나라의 불꽃놀이는 한 곳에서 큰 불꽃을 쏘아 올리는 것이라면 알제리의 불꽃놀이는 집집마다 작은 불꽃이 끝없이 올라오는 매력이 있다. 소리만 요란하고 별로 안 예쁘다고 하는 사람도 있지만 높은 곳에서 바라보는 마울리드 기간의 시내 풍경은 알제리에서 본 이색적이고 아름다운 풍경으로 내 마음속에 오래도록 남아 있다.

알제리 히잡의 어제와 오늘, 변화하는 여성의 모습

히잡이라는 단어를 들었을 때 떠오르는 이미지는 저마다 다르다. 대개 눈만 보이는 검정색 옷을 두르고 있는 여성을 떠올릴 것이다. 정확히 따지자면 그 옷의 이름은 부르카이다. 우리는 종종 히잡과 부르카, 니캅, 차도르 등 아랍 문화권에서 여성들이 착용하는 복장에 대해 막연한 편견을 가지고 있다. 히잡은 도대체 무엇일까?

모래바람과 햇빛을 막아주는 역할

히잡의 기원에 대해서는 여러 가지 이야기가 있다. 중동 지역

● 모래바람과 햇빛을 가리기 위해 터번을 종종 쓰고 다녔다. 터번을 쓰지 않으면 강한 모래바람에 피부가 상하거나 뜨거운 햇빛에 목 뒤가 벌겋게 올라오기 부지기수이다.

의 모래바람과 뜨거운 햇살을 막아주기 위해 히잡이 고안되었다는 게 일반론이다.

사막 지역에서는 성별과 관계없이 더위 때문에 티번을 쓰는 일이 잦다. 터번은 기본적으로 모래바람과 햇빛을 막는 용도로 눈을 제외한 대부분의 얼굴을 가린다. 종교와 상관없이 사하라 사막을 여행하는 대부분의 여행자는 누가 강요하지 않더라도 터번을 쓴다. 하지만 터번이나 히잡을 쓴다는 것은 단순히 환경적인 요소 때문만은 아니다. 머리카락을 가리는 것은 종교적 이유가 뒷받침되어 있다. 이슬람교에만 국한된 것이 아니라 다른 종교에서도 면사포, 미사보, 스카프 등으로 머리카락을 가리는 모습을 심심치 않게 볼 수 있다.

이러한 행위는 각 종교의 기원이 되는 경전에서도 유래를 찾아볼 수 있다. 우리에게 익숙한 기독교, 천주교의 공통된 경전인 《구약》에 보면 리브카*Rebecca*라는 인물이 훗날 남편이 될 이삭*Isaac*을 만나기 전에 얼굴을 가렸다고 적혀 있다. 이러한 모습이 지금까지 이어지면서 결혼하기 전에 면사포를 쓰는 것이라고 주장하는 사람도 있다.

　우리나라도 조선 시대에는 외출할 때 머리를 가리고 돌아다녔다. 너무 옛날 이야기라고 생각하겠지만 불과 130여 년 전의 이야기이다. 알제리가 132년을 프랑스로부터 식민 지배를 받고 독립한 시점이 우리보다 30여 년 늦는다는 점을 고려한다면 상대방의 문화에 대해 지금 우리의 관점에서 함부로 판단하는 것은 옳지 않을 수 있다.

부르카, 차도르, 니캅, 히잡

　우리는 일반적으로 머리카락을 가리는 모든 베일을 히잡이라고 생각한다. 그러나 종류와 쓰는 방식에 따라 부르는 명칭도 다르고 지역에 따라서도 조금씩 차이가 있다. 동남아시아의 경우처럼 얼굴을 제외한 모든 부분을 감싸기도 하고, 머리카락이 조금 보이더라도 상관이 없는 경우도 있다.

　일반적으로 히잡은 얼굴 일부와 머리카락만 가리는 두건이다. 스카프와도 비슷한데 다양한 색깔로 되어 있어서 옷에 따라 다양하게 착용한다. 주로 북부 아프리카의 모로코, 알제리, 튀니지, 튀르키예 등에서 흔히 볼 수 있다.

　검정색 천으로 온몸을 감싸고 얼굴만 보이게 입는 옷은 차도르라고 부른다. 차도르는 보통 이란이나 이라크에서 많이 입

● 히잡　　　● 아바야(차도르)　　　● 니캅　　　● 부르카

는다. 본래는 장례식에서 입던 옷이었는데 1970년대 말 이란 혁명 이후 대다수가 입게 되었다. 외출시에는 검정색, 실내에서는 흰색을 주로 입는다고 한다.

만약에 길에서 눈만 보이고 나머지 얼굴과 몸을 모두 가리는 옷을 봤다면 아마 니캅일 것이다. 니캅은 사우디아라비아, 예멘, 오만 등에서 입는다. 이것보다 신체를 더 가리는 옷으로는 부르카가 있는데 눈조차도 보이지 않게 그물 같은 망으로 가려 놓았다. 아프가니스탄 이외의 지역에서는 보기 드물다.[47]

프랑스를 비롯한 유럽 나라는 부르카를 공공 기관에서 착용하지 못하도록 하는 법안을 냈다는 기사를 본 적 있을 것이다.[48] 부르카나 니캅은 신원을 확인하기 어려운 복장이기 때문에 안전상의 이유로 그러한 조치를 내렸다고 한다.

히잡과 부르카는 생김새도 착용하는 나라도 다르다. 정확하게 같지는 않지만 한복, 기모노, 치파오가 다른 것처럼 나라마다 다른 의복 문화를 가지고 있는 것이다.

알제리도 히잡을 안 쓰던 시기가 있었다고요?

1930년대과 1940년대 사진을 보면 알제나 오랑 같은 알제리 대도시의 경우 히잡을 쓰지 않고 있는 사람들을 볼 수 있다. 물론, 그 당시는 프랑스 식민지 시대였기 때문에 히잡을 쓰지 않았을 수도 있고, 히잡을 쓴 사람들이 사진을 찍지 않으려 했을 수 있다. 하지만 그런 모습은 단지 알제리에서만 볼 수 있었던 것은 아니었다. 1940년대 이집트 사진을 봐도 히잡을 쓰지 않은 여성을 상당수 찾아볼 수 있다.

사실 이슬람 세계가 원론주의적 성향이 강해진 것은 최근의 일이다. 특히 1979년 이란의 이슬람 혁명을 기점으로 이러한 분위기가 강화되었다. 이란은 종교를 앞세워 종교적이지 않은 대부분의 것을 세속적이라 칭하고 지양했으며 과거 이슬람의 모습으로 돌아갈 것을 주장했다. 이러한 기류는 전 이슬람 문화권으로 퍼지게 되었고 이전보다 더 원론적인 주장을 하며 복고 운동을 일으켰다.

알제리의 경우도 마찬가지였다. 프랑스 식민 통치하에서 여성들은 부르카를 쓰고 무장 투쟁에 가담했다. 일부는 무기를 부르카 안에 숨기기도 했다. 그들에게 히잡과 부르카는 정체성의 상징이자 식민주의에 대응하는 수단이었다.

알제리가 독립하면서 이러한 분위기는 오히려 가속화되었다. 132년 간의 식민 지배로 인해 알제리 전통은 상당 부분 잊

● 2022 미스 히잡 알제리에 뽑힌 리디아 아인 부지드

히거나 사라졌다. 알제리라는 나라의 정체성을 다시 확립하기 위해 프랑스적인 요소들은 배제되었고 이슬람적인 것들을 전통처럼 여겼다. 식민 지배의 아픔은 유럽적인 것들에 대한 반감으로 나타났으며 알제리 내 이슬람원리주의가 빠르게 퍼져나갔다. 이때부터 여성들이 히잡을 쓰는 것이 좋다는 사회 분위기가 생겨났다.

다양한 히잡 착용법과 패션으로서의 히잡

일상생활에서 니캅이나 부르카를 입는 경우는 아랍 문화권

내에서도 흔치 않다. 전체 인구의 99퍼센트가 무슬림인 알제리에서도 적어도 대도시에서는 보기 어렵다.

이에 반해 히잡 착용은 하나의 문화가 되었다. 특히 알제리 여성들의 경우 단일화된 색깔의 히잡을 쓰는 것이 아니라 그날의 의상이나 분위기에 따라 다양한 색의 히잡을 쓴다. 히잡이 일종의 패션 아이템으로 사용되고 있는 것이다. 어떤 사람들은 시험 기간에 편하게 모자를 쓰고 다니는 것처럼 머리를 꾸미는 데 시간을 쓰지 않아서 히잡을 쓰고 다니는 것이 편하다고도 한다.[49]

여성들이 히잡을 쓰는 중요한 이유는 좋은 이미지를 주기 때문이다. 우리가 흔히 정장을 입으면 좀 더 격식을 갖춘 것처럼 보이는 느낌과 별반 다르지 않다. 다른 중동 국가의 경우는 다르겠지만 일반적으로 알제리에서는 히잡에 대한 의무가 적은 편이다. 심지어 수도 알제의 경우에는 히잡을 쓰지 않은 젊은 사람도 상당히 많다.

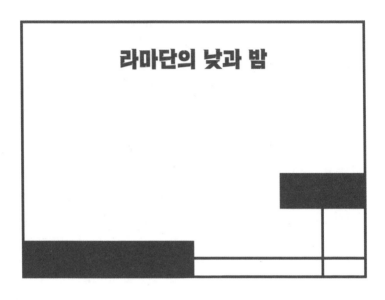

라마단의 낮과 밤

알제리에서 살다왔다고 하면 많이 궁금해하는 것 중 하나가 '라마단'이다. 라마단에 대해 들어본 적 있는 사람들은 해가 떠 있는 낮 동안 밥을 먹지 않는다는 정도로 알고 있다. 정답이다. 라마단 기간에는 해가 떠 있는 동안 밥을 먹을 수 없을 뿐 아니라 물 마시는 것도 금지된다. 흡연자의 경우 담배도 피우면 안 된다. 그렇다고 모든 사람이 무조건 라마단 기간에 금식을 해야 하는 것은 아니다. 노인이나 임산부, 어린이 등을 포함해 몸이 좋지 않은 사람들은 제외된다.

해가 떠 있는 낮 동안 못 먹는다면 정확히 몇 시부터 먹을 수 있는 걸까? 만약에 어쩔 수 없이 금식하지 못했다거나 물을 마셨거나 하면 어떻게 해야 할까? 라마단에 대해 알아보자.

달의 움직임으로 정해지는 라마단

일반적으로 라마단이라고 하면 이슬람력의 9월 '무더운 달'을 뜻하는데 무함마드 선지자가 이슬람의 성전인 코란을 계시받은 달이기도 하다.

사전적 의미로 라마단은 무더운 달을 의미하지만 꼭 여름에 라마단이 있는 것은 아니다. 이슬람력은 일반적으로 우리가 사용하는 태양력과 달리 '순태음력'이라는 소위 달을 기준으로 하는 달력을 사용하는데 매년 약 2주 정도 앞으로 당겨진다. 음력으로 계산하면 매년 생일이 변하는 것과 비슷하다. 그러나 우리의 음력은 날짜가 변하는 데 제한이 있지만 이슬람력은 제한 없이 계속 앞으로 당겨진다. 그렇기 때문에 해에 따라 봄, 여름, 가을, 겨울에 모두 라마단이 올 수 있다.

여름에는 해가 길고 겨울에는 해가 짧다. 이 때문에 여름 라마단보다는 겨울 라마단이 상대적으로 덜 힘들다. 유럽의 경우 밤 10시까지 해가 지지 않는 때도 있는데 이 경우 어쩔 수 없이 식사 시간이 늦춰질 수밖에 없다. 그렇다면 정확히 언제부터 식사를 할 수 있는 걸까?

라마단에 해가 지고 식사하는 시간을 '이프타르*Iftar*'라고 부른다. 이프타르 시간은 집 인근에 있는 이슬람 사원에서 방송으로 알려준다. 아침 금식 시작 시간도 마찬가지이다. 일출과 일몰은 매일 바뀌기 때문에 정해진 시간이 아닌 방송이 나오

● 많은 이슬람권 국가는 사우디아라비아에서 달을 관측한 결과로 라마단의 시작과 끝을 정한다.

는 시간을 기준으로 라마단을 지킬 수밖에 없다.

그런데 만약 라마단 기간에 비행기를 탑승해 있다면 언제 식사를 할 수 있을까? 비행기 안에서도 해 지는 시간에 맞춰서 방송이 나온다. 항공사마다 다르지만 무슬림 손님들을 위해 라마단 음식을 준비해주기도 한다.

알제리 사람들은 라마단을 꼭 지키기 위해 노력하지만 간혹 여러 이유로 라마단을 완전하게 지키지 못하는 경우도 있다. 여성의 경우 월경이 시작되면 그 기간에는 잠시 단식을 멈춘다. 출장을 가거나 건강상 필요하다면 일정 기간 동안 라마단을 지키지 않아도 된다.

개인의 사정에 따라 지키지 못한 라마단 일수는 스스로 기억해두었다가 다음 라마단 이전까지 채우면 된다.

라마단에 단식을 하는 이유

이슬람교를 믿는 사람들은 왜 라마단이라는 기간 동안 단식을 하는 것일까? 라마단의 의미는 가난하고 어려운 사람의 마음을 이해하는 데 있다. 식사를 하지 않는 동안 몸 속에 쌓인 안 좋은 것들을 비우고 스스로 인내하기 위함이다. 이러한 과정을 통해 신에게 귀의하는 시간을 갖는다는 의미도 있다.

이프타르 음식을 보면 낮 동안 못 먹은 것을 채우기 위해 엄청나게 많이 준비하는 것으로 착각하기 쉽다. 물론 낮 동안 먹지 못한 만큼 저녁에 많이 먹는 경우도 있지만 주변의 어려운 사람들에게 나누어 주기 위해 많이 준비하기도 한다.

라마단은 어려운 사람들의 마음을 이해하는 데 큰 의의가 있다. 그래서 라마단이 끝나기 2~3일 전에 자카트*Zakat*라고 하는 기부를 꼭 하게 되어 있다. 자카트는 자선 행위를 뜻하는 데 이슬람의 5대 기둥이라고 불리는 중요 가치 중 하나이다. 세금과 마찬가지로 어려운 사람들을 위해 수입의 일부를 기부하는 것이다.

라마단이 끝나기 전에 하는 자카트의 경우 한 끼 먹는 식사에 해당하는 금액을 기부한다. 일반적으로 밀가루 약 2킬로그램에 해당하는 금액이다. 사람마다 먹는 것이 달라서 혼란이

● 알제 시내에서 가장 큰 호텔 중 하나인 엘오라시 호텔의 라마단 모습

생길 수 있는데 나라에서 각 항목별로 금액을 정해준 표가 있어서 내가 먹는 것에 따라 기부하면 된다. 2022년의 경우 1인당 120디나르로, 한화 약 1,000원 정도의 금액을 주변의 어려운 사람에게 기부하게 되어 있다.[50]

라마단의 밤은 낮보다 뜨겁다

라마단 기간의 낮 동안에는 많은 상점이 문을 닫는다. 금요일 오전에 상점들이 문을 열지 않는 이유와 비슷하다. 사람들은 낮에는 조용한 시간을 보낸다. 하지만 낮의 끝을 알리는 방송이 울리고 저녁 기도를 마치고 난 다음부터는 시내가 북적해진다.

한번은 알제에 있는 엘오라시 호텔의 라마단 행사에 갔는데 신나는 알제리 전통 음악을 틀어놓고 밤새 춤추고 이야기하면서 시간을 보내는 사람들이 가득했다. 당연히 술은 한 모금도 마시지 않는다. 이곳만 그런 것이 아니라 시내에 있는 여러 호텔에서도 다양한 종류의 행사를 진행한다. 그렇게 밤새워 놀다가 다시 집으로 돌아가 라마단을 치를 준비를 하고 새벽 기도를 가고 아침밥을 먹고 다시 출근한다. 어쩌면 라마단 기간에는 식사를 못 해서라기보다 잠을 제대로 자지 못해 다들 피곤해보이는 것일지도 모르겠다.

라마단 동안 수고했어요, 라마단 명절 이드

길고 긴 라마단이 끝나면 이를 기념하는 명절인 '이드 알 피트르*L'Aid el-Fitr*(줄여서 이드)'가 있다. 약 이틀간 이어지는 휴일로 라마단 동안의 고난을 이겨낸 후 갖는 달콤한 휴가이다. 이를 '작은 이드'라고도 부르는데 라마단이 끝나고 약 두 달 정도 지나면 이슬람의 또 다른 명절인 '희생제*L'Aid-el-Kebir*'가 기다리고 있기 때문이다.

희생제는 쉽게 말해 양을 잡는 날이다. 희생제 한 달 전부터 집마다 양을 산다. 대부분 이날 직접 양을 잡지만 집에 남자가 없을 경우 미리 구매한 양을 이웃이 대신 잡아주기도 한다. 온

L'Ambassade de la République de Corée présente
ses meilleurs vœux à l'occasion de l'Aid El Adha
صح عيدكم!

● 주알제리대한민국대사관의 라마단 명절 축하 메시지

동네가 양의 피비린내로 가득한 날이라서 집 안에 그 많던 파리
가 모두 양 잡는 집으로 가서인지 집 안에는 파리가 없어진다.

이렇게 중요한 명절이 시작되는 날을 달을 보고 결정한다면
믿겨지는가? 이슬람교는 대부분 달을 보고 기념일을 확정하기
때문에 하루 전날까지도 반신반의하는 경우가 많다. 보통 '이
날 정도면 이드겠지?'라고 예상하고 휴가 계획을 세울 수밖에
없다. 이슬람 고위 성직자가 달을 보는 데 날씨가 좋지 않다면
갑자기 라마단이 하루 더 늘어날 수도 있다.

알제리에서 나고 자란
프랑스인 피에누아

알제리로 이주해온 프랑스인들은 독특한 정체성을 갖고 자란다.《이방인 *L'etranger*》의 저자 알베르 까뮈처럼 부모가 프랑스인이지만 알제리에서 자란 사람이 많다. 그들은 발은 검은 대륙 아프리카에 두고 있다고 해 '검은 발'이라는 뜻의 '피에누아'라고 불린다.[51]

1830년 프랑스가 알제리를 지배한 이래 프랑스 본토에서 부모가 이주해 알제리에서 나고 자란 프랑스인이 계속 늘어났다. 1962년 알제리가 독립할 즈음에는 그 인구가 당시 알제리 인구의 10퍼센트에 해당하는 약 100만여 명에 달했다. 알제리가 독립하면서 80만 명은 프랑스로 돌아갔지만 약 20만 명 정도는 알제리에 남았다. 하지만 알제리 정부는 프랑스에 협력

● 알제리가 독립한 1962년 많은 이들이 프랑스 남부 마르세유로 옮겨 갔다.

했던 사람에 대한 차별 정책을 펼쳤기 때문에 이들 중 대다수
는 다시 프랑스나 벨기에로 이주했다. 피에누아는 대부분 알
제나 오랑에 살았다.[52]

알제리 독립 이후 갈 곳을 잃은 사람들

알제리의 독립과 동시에 80만 명에 달하는 피에누아는 본
토로 대거 이주했다. 대다수의 피에누아가 거주하던 오랑에
서 알제리 독립 이후 이들을 대상으로 무차별적 학살이 발생

했기 때문이다. 알제리에서 환영받지 못하고 본토로 돌아갔지만 이들의 처지는 나아지지 않았다. 피에누아들은 분명 국적은 프랑스이지만 알제리에서 나고 자랐다는 이유로 프랑스 사회에 쉽게 편입되지 못했다. 이들은 그나마 알제리와 기후적 문화적으로 유사한 프랑스 남부 지방에 정착했다. 피에누아들은 알제리에서는 프랑스인으로, 프랑스 본토에서는 알제리인으로 취급받았다.

이들과 비슷하게 알제리 출신이지만 프랑스 정부의 편에 섰던 하르키들도 이 시기에 프랑스로 이주했다. 이렇게 많은 이주민이 프랑스 사회에 갑작스럽게 편입되면서 각종 사회적 이슈가 생겨났다. 이미 프랑스에는 인프라 건설을 위해 다수의 북부 아프리카계 이민자가 유입된 상황이었지만 알제리 독립 이후 더 많은 이주민이 발생했다. 하르키들은 프랑스를 위해 일했지만 프랑스인들은 이들을 쉽게 받아드리지 않았다. 생활의 모든 터전이 알제리에 있었지만 프랑스에 협력했다는 죄로 프랑스로 쫓겨간 이들은 본토인 프랑스에서도 인정을 받지 못한 셈이다.[53]

친척들까지 합치면 프랑스에 사는 사람이 적어도 한 명은 있다

알제리인 중 대다수는 프랑스에 가족이 거주하고 있다. 우스갯소리로 사촌이나 친척까지 합치면 프랑스에 사는 사람이 집안에 적어도 한 명은 있다고 한다. 왜 프랑스에는 알제리 출신이 많은 것일까? 132년의 식민 지배 동안 어떤 일이 있었던 것일까?

알제리인들은 2차 세계대전 때부터 프랑스로 대거 이주했다. 당시 프랑스에서는 전쟁에 필요한 군인들을 아프리카에 있는 식민지에서 동원했는데 징집된 알제리계 군인들이 처음으로 발을 디딘 곳이 프랑스 남부 마르세유였다. 마르세유와 알제리 이주민들과의 인연은 이때부터 시작되었다.

본격적으로 이주가 활성화된 것은 1945년 2차 세계대전 종식 후부터였다. 전쟁으로 모든 것이 파괴된 프랑스는 기간산업 재건을 위해 많은 인력이 필요했다. 이때 많은 알제리 사람이 프랑스로 이주했다. 이들은 중요한 노동력이 되었고 프랑스 경제를 빠르게 발전시키는 데 큰 역할을 했다.

그러던 중 1962년 프랑스로부터 알제리가 독립하면서 피에누아와 하르키들이 프랑스로 대거 이주했다. 독립 후 넘어온 이들과 프랑스 부흥기에 이주해온 이들이 합쳐지면서 많은 알제리계 프랑스인이 탄생했다.

이주민이 가장 많이 정착한 마르세유 지역은 적어도 인구의 30퍼센트가 무슬림이라는 통계도 있다. 프랑스 내에서 북부 아프리카 출신 이주민의 수는 늘어나지만 그들에 대한 차별 대우는 여전히 사회 문제로 남아 있다.

현재 프랑스 인구의 8퍼센트가 무슬림이라고 한다. 이들 중 꽤 많은 수가 그 당시 프랑스로 이주한 피에누아나 하르키의 후손이다. 피에누아 출신 프랑스인들 중에는 한 시대를 풍미한 유명인이 많다. 특별한 상황에 놓였던 이들은 남들과는 다른 시선으로 세상을 바라보았기 때문일지도 모르겠다. 앞에서 언급한 알베르 까뮈 외에도 패션계에서는 이브 생 로랑이 유명하고 철학자 중에는 자크 데리다도 피에누아 출신이다.

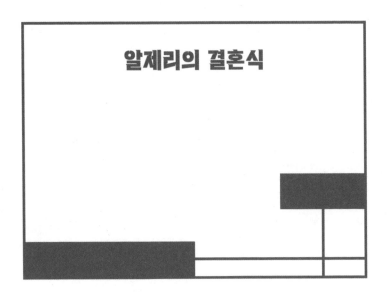

알제리의 결혼식

알제리의 결혼은 기본적으로 이슬람 율법을 따른다. 이 때문에 이슬람교를 믿지 않는 사람과는 혼인이 성립하지 않는다. 외국인의 경우 알제리 사람과 결혼하기 위해 이슬람교를 믿는다는 증명을 받아야만 한다.

종종 이슬람교를 믿는 나라에서는 일부다처제가 통용된다고 생각하지만 실제로 일부다처제는 인구의 1퍼센트 정도 밖에 되지 않을 정도로 흔치 않다. 일부다처제는 법적으로 특별한 조건에서만 허용되는데 예를 들어, 아내가 아이를 가질 수 없다거나 장애가 있을 경우 판사의 허가를 통해 다른 아내를 맞이할 수 있다. 이 경우에도 첫 번째 부인의 허가가 필요하며 첫 번째 부인과 그 자녀의 양육을 보장할 수 있을 정도의 금

액을 지원해야만 한다. 실질적으로는 거의 찾아보기 어렵다고
할 수 있다.[54]

알제리를 비롯한 대부분의 이슬람 국가에서는 결혼 지참금
이라는 제도가 있다. 우리나라의 예물과 비슷한데 신랑 측에
서 준비해 신부의 부모에게 주어야 한다. 물론 혼수와 집 장만
은 지참금에 포함되지 않는다. 신랑 측에서 경제적으로 준비해
야 할 것이 많아서 소득이 많지 않은 경우에는 결혼을 못하는
경우도 많고, 늦은 나이에 결혼하는 남성도 많다. 상황이 이렇
다 보니 신랑과 신부의 나이 차가 열 살 이상인 경우도 흔하다.

알제리의 결혼식은 2~3일에 걸쳐 진행되지만 최근에는 경

● 베르베르 전통 의상을 입고 결혼식을 준비하는 모습

제적인 이유로 간소화하는 경우도 많다. 일반적으로 결혼식을 위해서는 몇 가지 절차를 거쳐야만 한다. 우선 신부가 신부의 가족 중 여자들과 함께 함맘이라고 불리는 목욕탕에 가서 피부 마사지를 받는다. 최근 한국에서도 결혼 전에 신부가 브라이덜 샤워를 하는데 결혼 전에 여성들만 모여서 시간을 보낸다는 점에서 유사하다.

모든 준비가 끝나면 남성과 여성 하객들을 분리해서 결혼 축하 행사를 한다. 여성들은 전통 의상을 입고 결혼 축하 행사에 참석하는데 이때는 남성과 여성이 따로 축하연을 하기 때문에 여성들이 히잡을 쓰지 않는다. 행사는 밤새도록 이어지며 흥겨운 전통 음악에 맞춰 춤을 추며 밤을 샌다.

결혼식에 한 번 초대된 적이 있었는데 외국인이어서 극히 예외적으로 성별에 크게 신경을 쓰지 않고 신부와 인사할 수 있는 기회가 있었다. 평소와 달리 히잡을 쓰지 않고 진한 화장에 화려한 전통 의상을 입고 있어서 못 알아보는 경우도 많다.

알제리의 대표 음식들

쿠스쿠스*Couscous*

알제리 음식이라고 생각했을 때 가장 먼저 떠오르는 음식은 쿠스쿠스이다. 알제리 고유의 음식이 아니라서 유럽이나 북부 아프리카를 여행한 적 있는 사람이라면 한 번쯤 먹어볼 수 있는 음식이다.

● 가장 흔히 볼 수 있는 쿠스쿠스이다.

쿠스쿠스는 노란색 좁쌀 같은 밥 위에다가 병아리콩과 닭고기 혹은 양고기를 넣고 끓인 양념을 부어서 먹는다. 물론 좁쌀은 아니고 밀을 으깨서 만든 세몰리나를 쪄서 만든 밀가루 반죽 음식이라고 보면 된다. 사실 쿠스쿠스는 메인 음식이라기보다는 우리 식으로 따지면 공깃밥이나 메인 음식을 먹은 후에 나오는 볶음밥 같은 것이다.

일반적으로 큰 그릇에 나와서 나누어 먹는데 알제리 식사 매너상 내가 앉은 자리에서 가까운 쪽의 쿠스쿠스만 먹어야지 상대방 쪽에 있는 쿠스쿠스를 먹는 것은 실례가 될 수 있다.

식사의 시작, 하리라*Harira*

알제리에서 보통 식사는 따뜻한 국물 요리로 시작한다. 하리라는 마그레브 지역에서 주로 먹는 스프이다. 약간 카레와 된장찌개를 섞은 듯한 색깔을 띠고 있으며 다양한 야채를 넣어서 끓인 음식이다. 특이한 색깔은 토마토를 넣었기 때문에 생기는 것이다. 처음 맛보면 약간 고수 향이 올라와서 고수를 싫어하는 사람에게는 다소 거북하게 느껴질 수도 있는 맛이다.

하리라는 종교적인 의미가 있는 음식으로 보통 라마단 때 먹는다. 라마단 기간에는 낮 동안 음식을 먹지 못하다가 저녁에 모스크를 다녀온 후 식사를 하는데 하리라가 속을 편안하게 해주는 역할을 한다. 이때 슈바키아*Chebakia*라고 하는 달달하고 계피향이 나는 과자를 같이 먹는다. 약간 약과와도 맛이 비

● 알제리 가정집에 초대받으면 가장 처음 하리라 가 제공된다.

● 하리라와 같이 먹는 슈바키야

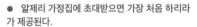

슷한데 하리라와 함께 먹으면 단짠단짠이 완성된다. 라마단에 먹는 음식이다 보니 마그레브 사람 중에는 하리라와 슈바키야 를 '라마단의 맛'이라고 부르기도 한다.

알제리의 한 뚝배기, 타진*Tajine*

타진은 우리의 뚝배기와 비슷한 음식이다. 타진은 음식의 내용물보다 그릇을 지칭하는 말인데 고깔처럼 생긴 뚜껑이 음식을 할 때 찜기와 같은 역할을 해주어서 내용물을 부드럽게 쪄준다. 타진은 보통 뚜껑 채로 테이블에 올라가는데 음식을 먹기 전 뚜껑을 열면 보글보글 끓고 있는 모습이 마치 한국에서 뚝배기 요리를 주문했을 때와 비슷한 느낌을 준다.

타진의 재료는 다양하다. 이슬람교에서 허락하는 모든 종류의 고기가 들어간다. 일반적으로는 소고기와 양고기, 닭고기

● 양고기로 만든 타진이다. 고깔처럼 생긴
뚜껑이 인상적이다.

가 주재료이다. 지역에 따라서는 생선을 넣기도 한다. 타진에서 꼭 빠질 수 없는 재료가 있는데 바로 올리브이다. 북부 아프리카는 지중해에 접해 있다. 지중해에서 자란 올리브는 맛도 좋고 건강에도 좋다.

타진을 먹다 보면 달콤한 찜닭과 비슷하다는 느낌을 받기도 하는데 한국에 대해 좀 아는 현지인에게 그 이야기를 했더니 그 사람도 한국에서 찜닭을 먹을 때 타진이 생각났다고 한다.

가던 길을 멈추게 하는 꼬치구이

알제리에서는 어느 식당을 가더라도 꼬치구이가 있는데 길거리 음식 중에 가장 대중적인 음식이라고 할 수 있다. 일부는 이를 케밥이라고도 부른다. 우리가 알고 있는 케밥은 큰 꼬챙이에 양고기나 닭고기가 여러 겹 붙어 있고 그것을 구워서 겉부분을 얇게 잘라내서 주는 음식인데, 이는 튀르키예식 케밥이다. 지역에 따라 케밥은 꼬치구이를 의미하기도 한다. 꼬치구이는 닭고기나 양고기뿐 아니라 소시지나 간, 염통과 같은 특수 부위도 함께 판다.

식당에 가서 먹고 싶은 꼬치를 정하고 자리에 앉아 기다리면 순서대로 숯불에 구워 준다. 보통 꼬치구이만 먹지 않고 바게트 빵이나 넓적한 모양의 빵과 함께 먹는다.

● 대부분의 알제리 음식점에는 다양한 종류의 꼬치 요리가 준비되어 있다. 원하는 것을 고르면 직화로 구워서 제공된다.

입가심으로는 역시 달달한 민트티

마그레브 지역에서는 민트티가 중요한 부분을 차지하고 있다. 민트티라고 하면 대부분 민트로 차를 끓인다고 생각하지만 정확하게는 찻잎을 따로 끓이고 난 다음에 민트를 추가한다.

마그레브의 민트티는 설탕을 많이 넣기 때문에 주문할 때 얼마나 달게 할지 물어본다. 만약에 물어보지 않았다고 해도 취향에 맞게 요청하면 덜 달게 끓여주기도 한다. 민초파가 아니더라도 마그레브의 민트티는 한 번쯤은 도전해볼 만하다.

● 민트티는 전통 주전자에 담겨져 제공된다. 보통 투명한 유리잔에 차를 가득 채워주는데 손잡이가 없어서 매우 뜨겁다.

민트티를 주문하면 주전자나 유리잔에 담겨 나온다. 유리잔에 나오는 민트티를 보면 투명한 잔 안에 민트가 가득 차 있는 것을 볼 수 있다. 차 안에 들어간 민트는 향을 내기 위한 것이지 먹지는 않는다. 찻잔에는 손잡이가 없는데 차가 매우 뜨겁기 때문에 조심하지 않으면 손을 델 수도 있다.

만약 주전자에 차가 담긴 상태로 나온다면 몇 가지 순서를 지켜서 마시는 게 좋다. 우선 민트티를 잔에 한 번 가득 따랐다가 주전자에 다시 넣는 과정을 2~3회 반복한다. 이러한 과정을 통해서 민트티가 더 잘 섞이게 되고 향이 더 잘 배인다고 한다. 그리고 민트티를 따를 때는 높은 곳에서 차를 따라 찻잔 안에 거품이 생기게 하는 게 좋다. 이 또한 향이 더 좋아지게 만들기 위해서이다.

만약 집에 초대를 받아서 차를 마시는 상황이라면 차를 다 마신 후에 더 먹고 싶어도 직접 따라서는 안 된다. 주인에게 정중하게 한 잔 더 마시고 싶다고 이야기하면서 잔을 건네면 주인이 찻잔을 채워준다.

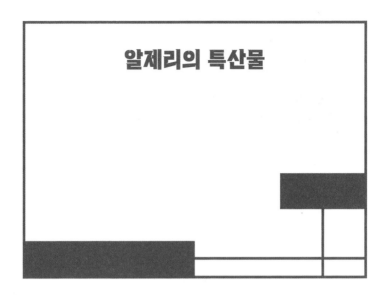

알제리의 특산물

어서오세요. 다트 드세요

　나는 대추야자라는 이름을 처음 들었을 때 삼계탕에 들어가는 대추가 떠올랐다. 대추야자는 영어로는 데이트*Date*, 프랑스어로는 다트*Datte*라고 부른다. 대추와 비슷하게 생겼지만 맛은 대추보다는 곶감에 가깝다. 말려서 먹기 때문에 더 비슷한 느낌이 나는 것 같다.

　알제리에서는 손님이 방문했을 때 대추야자를 대접하는 문화가 있다. 우유와 함께 제공하고 보통 대추야자는 홀수로 먹는다. 세 개 정도 먹으면 적당하다. 알제리에서는 결혼할 때 신부에게도 우유와 대추야자를 준다. 이는 다산의 의미를 담고

● 대추야자

있다. 대추야자가 다산을 뜻하게 된 것은 한 번에 여러 개의 열매가 열리기 때문인데 먹을 것이 많지 않은 사막 지역에서 대추야자는 적은 양으로도 열량을 채울 수 있는 귀중한 열매였다.

전 세계 최고 대추야자의 고장 비스크라

알제리 동부 중앙에 위치한 지역으로 '사하라의 관문'이라고도 불리는 비스크라는 세계적인 대추야자 생산지이다. 대추야자는 원래 건조한 기후에서 잘 자라기 때문에 이 지역이 알제리 내에서 대추야자를 기르는 데 가장 적합한 지역이다. 알제리 사람들은 알제리 대추야자가 세계에서 최고라는 자부심을 갖고 있다.

알제리는 전 세계에서 네 번째로 많이 대추야자를 생산하는 나라이다. 대추야자는 중동과 마그레브 지역의 많은 음식에 사용되는데 높은 당도로 인해 설탕을 대체하는 역할을 한다.

성경에 나오는 종려나무가 대추야자나무라고도 한다. 대추야자로 디저트를 만들면 설탕 없이도 충분히 달콤한 맛을 낼 수 있다. 개인적으로 퓨전 디저트 느낌으로 식혜나 수정과와 대추야자를 먹으면 잘 어울릴 것 같다.

알제리의 과일들

알제리에는 제철 과일들이 참 맛있다. 그중에서도 납작복숭아가 가장 기억에 많이 남는다. 납작복숭아는 알제리 고유의 과일은 아니다. 원산지는 튀르키예나 스페인이지만 알제리에서도 재배하고 있다. 유럽에서도 납

● 납작복숭아

작복숭아를 먹을 수 있는데 개인적으로 알제리에서 먹었던 납작복숭아가 더 달고 맛있었다. 지중해의 햇빛을 받고 자란 과일들은 특유의 달고도 향긋한 과육이 매력적이다. 주로 4월 말에서 7월 초까지가 제철이며 비싸지 않아 모두가 즐겨 먹는다.

알제리의 수박과 메론도 아주 유명하다. 알제리에서 나오는 메론의 생김새는 우리가 알고 있는 메론보다 참외나 호박과 비슷하다. 익숙한 초록색 껍질이 아니라 노란색 껍질이다. 이는 수박도 마찬가지인데 우리가 흔히 알고 있는 수박보다 크기가

두 배 이상 크고 뜨거운 햇빛 덕분인지 당도도 아주 높다. 그래서 알제리에서 수박과 메론을 먹어본 모든 사람이 알제리에서 손에 꼽힐 정도로 맛있는 과일이라며 칭찬하던 기억이 난다.

무화과

● 말린 무화과

무화과도 빼놓으면 섭섭하다. 한국에서는 무화과가 맛있다고 생각한 적이 한 번도 없었는데 알제리에서 먹은 무화과의 특유의 향과 식감을 잊을 수 없다.

무화과는 이름처럼 꽃이 없는 과일인데 사실 우리가 먹는 과육 부분이 꽃이다. 과일 내부에서 벌레가 나오는 경우가 종종 있기 때문에 먹을 때 조심해야 한다. 무화과는 잼으로 만들어서 먹기도 하고 대추야자처럼 말려서 먹기도 한다.

알제리의 문화를 품고 있는 수공예품

알제리의 옛 시가지를 다니다 보면 골목마다 수공예품 파는 것을 볼 수 있다. 가격이 정찰제로 되어 있지 않아서 흥정하는 재미가 있다. 알제리의 수공예품은 중동의 느낌과 북부 아프리카 특유의 색감이 어울려져 또 다른 매력을 가지고 있다. 특히 보석으로 된 장신구, 양탄자, 유기 그릇 등의 특산품은 여행객이라면 꼭 하나씩 구매할 정도로 유명하다.

까빌리족의 보석 장신구

알제리의 보석 장신구는 대부분 베르베르족이 만든다. 그중

● 베르베르족의 장신구는 대부분 은으로 만들었다.

에서도 까빌리족은 보석 장신구의 전문가들이다. 그들이 가장 많이 만드는 장신구는 팔찌, 목걸이, 반지 등인데 그중에서도 팔찌가 유명하다. 마그레브 지역에서는 은으로 장신구를 만드는 경우가 많으며 쨍한 색깔의 장식이 달려 있다.

스페인 남부 안달루시아 지역에 가면 이러한 무늬와 유사한 장신구들이 있다. 이는 과거 모로코나 알제리 북동부 지역이 스페인의 지배를 받기도 했지만 반대로 스페인 남부 지역을 지배하기도 했기 때문이다.

알제리에 로마 유적이 남아 있듯이 스페인에도 북부 아프리카의 문화나 유적이 남아 있다. 그중에서도 그라나다 지역이 북부 아프리카의 영향을 많이 받았는데 우리가 잘 아는 알함브라 궁전의 경우 모로코의 궁전을 모티브로 지어졌다고 한다.

양쪽 문화권은 서로 영향을 주고 받았고 그러한 이유로 장신구에서도 비슷한 패턴이나 색감을 찾아볼 수 있다.[55]

마법의 양탄자

양탄자는 모로코가 가장 유명하지만 알제리 양탄자도 여행객들에게 인기가 많다. 특히 알제리 서쪽에 위치한 트렘센 지역의 양탄자가 품질이 좋다.

알제리 양탄자에 있는 독특한 문양은 지역별로 고유의 패턴을 가지고 있다. 특히 까빌리족은 전통 문화나 종교를 모티브로 양탄자를 만든다.

● 베르베르족의 전통 양탄자

알제리에서는 젊은 여성이 결혼 지참품으로 가져가기 위해 직접 양탄자를 짜는 전통이 있었으나 현재는 경제 활동 수단으로 사용하고 있다. 베르베르족의 양탄자는 일반적으로 양털로 만들지만 금전적 여유가 없는 가정에서는 기존에 입던 옷에서 나온 직물을 재활용하기도 한다.

양탄자를 구매할 때는 항상 냄새를 조심해야 한다. 대부분의 가게에서는 양탄자를 여러 개 놓고 판매하고 있기 때문에 개별 양탄자의 냄새를 못 맡는 경우가 많다. 대충 보고 골랐다가는 막상 집에 가져와서 냄새를 빼기 위해 옥상이나 베란다에서 오래 보관하는 경우가 많다.

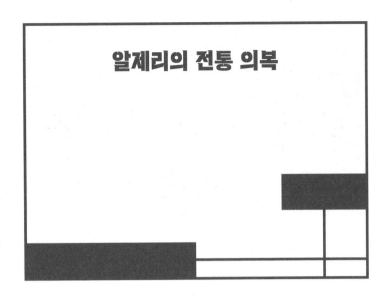

알제리의 전통 의복

의복 문화는 한 나라의 문화를 가장 잘 보여주는 대표적인 요소이다. 세계화로 인해 전통 의상의 의미가 많이 퇴색되었지만 아직까지 알제리에서는 많은 사람이 전통 의상을 입는다.

남자든 여자든 상관없이 편히 입는 질레바

북부 아프리카에서 가장 많이 볼 수 있는 옷은 바로 질레바이다. 질레바는 통이 넓은 긴 원피스에 모자가 달린 옷이다. 질레바에 달려 있는 모자는 모래바람과 햇빛을 막아 주는 중요한 역할을 한다. 질레바를 원피스라고 표현했지만 치마라기보

● 알제리 전통 의상을 입고 있는 압델라지즈 부테플리카 전 대통령

다 상하의가 한 벌로 이루어진 옷이다. 질레바만 입는 경우도 있지만 보통 안에 옷을 입고 그 위에 질레바를 걸쳐 입는다. 바람막이와 비슷해서 겨울에는 차가운 바람을 막기 위해 두꺼운 울 재질의 질레바를 입고, 여름에는 햇빛을 막아주고 통풍이 잘 되는 얇은 면 재질의 질레바를 입는다.

질레바를 가장 자주 볼 수 있는 날은 기도하는 날인 금요일이다. 대부분 모스크에 갈 때 질레바를 입는다. 물론 질레바를 입어야만 사원에 들어갈 수 있는 것은 아니다. 다만 기도를 하러 갈 때 의복도 중요해서 하얀색 질레바를 입고 깔끔하게 준비해서 기도를 드리곤 한다.

알제리 남성들의 옷 바르누스

바르누스는 양털과 가죽으로 만든 망토로 알제리와 마그레브 지역 전체에서 흔히 볼 수 있다. 주로 유목민이 입는 옷으로 흰색이 많지만 종종 검정색이나 푸른색의 바르누스도 볼 수 있다. 도시 근교에만 나가도 양을 유목하고 있는 목동들을 흔히 만날 수 있는데 이들이 입고 있는 옷이 바로 바르누스이다.

바르누스는 알제리를 상징하는 옷이기 때문에 귀한 손님이 올 경우 선물로 주기도 한다. 실제로 우리나라의 노무현 전 대통령이 알제리를 국빈 방문했을 때 바르누스를 선물로 받아 입어보기도 했다.

바르누스는 동물의 가죽과 털로 만들다보니 관리를 잘 못하면 동물 가죽 특유의 냄새가 나기도 한다. 보통 남자들이 많이 입는 망토이지만 지역에 따라서 결혼 전 신부가 입는 특별한 바르누스도 있다.

특별한 날에만 입는 옷 카프탄, 카라쿠

북부 아프리카 여성들의 전통 의상인 카프탄은 결혼식 같은 큰 행사가 있을 때 입는 옷으로 만화영화 〈알라딘〉에 나오는 자스민 공주의 옷을 떠올리면 된다.

● 카프탄(왼쪽)은 한 벌로 되어 있고, 카라쿠(오른쪽)는 상하의로 구분되어 있다.

북부 아프리카와 중동의 여성들이 입는 고급진 드레스로 소
재나 장식에 따라 카프탄의 가격은 천차만별이며 중요한 날에
는 꼭 입는 편이다. 14~15세기 오스만 제국 때 알제리로 들어
온 카프탄은 원피스와 비슷한데 여러 가지 형태로 변형되어 전
통 의상으로 만들어졌다.

카프탄에서 변형된 대표적인 의상이 카라쿠인데 주로 알제리 수도 지역에 사는 여성들이 입었다고 한다. 카라쿠는 카프탄과 형태가 크게 다르지 않지만 상의와 하의가 분리되어 있고 하의가 넓은 바지라는 점이 카프탄과 다르다. 카라쿠는 카프탄과 마찬가지로 상의에 예쁜 자수가 놓여 있어서 이국적이면서 화려한 느낌을 준다.

이국적인 알제리의 음악

안달루시아 음악의 영향

알제리의 음악은 오랜 시간 동안 외세의 영향을 받아 혼합된 모습을 보여준다. 우선 안달루시아 지역에서 영향을 받은 아랍-안달루시아 음악이 있다. 이 음악은 13세기 즈음 안달루시아에 거주하던 무슬림들이 쫓겨나면서 전파된 음악의 종류로 모로코, 알제리, 튀니지 등 북부 아프리카 지역의 음악에 영향을 주었다. 아랍-안달루시아 음악은 오케스트라 형식으로 다수의 악기와 합주하는 형태이다.

안달루시아 계열의 영향을 받은 음악 중에는 샤아비chaâbi라는 음악도 있는데 이는 20세기 들어서 인기를 얻었다. 이 음악

의 뜻 자체가 '대중적'이라는 의미를 가지고 있어서 많은 사람
에게 친숙하게 퍼져나갔다.

알제리의 안달루시아 음악

알제리를 넘어 세계적으로 유명해진 라이 음악

알제리의 문화를 설명할 때 빠지지 않는 지역이 있는데 바
로 오랑이다. 오랑 지역에는 독특한 음악이 있다. '라이*Rai*'라
고 불리는 음악으로 전통적인 가락과 현대적 악기가 합쳐진
형태이다.

라이 음악은 알제리뿐 아니라 마그레브 전역에서 인기가 있
다. 우리가 듣기에는 인도 영화에서 들어본 듯한 느낌을 주기
도 한다. 특유의 음색도 이국적인 느낌을 주지만 기계음을 이
용해 바이브레이션을 주는 방식이 상당히 독특하다.

라이 음악이 알제리를 넘어 다른 나라에 널리 알려지게 된
것은 1980년대부터이다. 이에 관한 다양한 이야기가 있는데
그중 알제리 독립 이후 알제리에서 거주하고 있던 피에누아와
하르키가 프랑스 본토로 이주하면서 알제리의 음악이 유입되
었다는 설이 유력하다.

● 라이 음악 공연을 하고 있는 칼리드

1990년대 들어서면서 라이 음악은 당시 인기를 끌고 있었
던 유럽의 기계식 악기들을 여럿 차용하기 시작했다. 전통적
인 가락이 현대적인 악기들과 합쳐져 이 시기 라이 음악은 상
당한 발전을 이루었다. 프랑스에서 전 국민적인 인기를 끌지
는 못했지만 알제리와 이웃 나라의 대중에게 알려지면서 인기
를 얻었다. 당시 프랑스에서는 카데르 자포네*Kader Japonais*와 칼
리드*Khaled* 등이 인기가 있었고 라이 음악을 프랑스어로 부르
는 음악가도 있었다. 2000년대부터 라이 음악은 로큰롤이나
힙합, 레게 등 다양한 장르의 음악에 영향을 받아 독창적으로
발전했다.

라이 음악이 알제리 사람들에게 끼친 영향은 상당하다.

1990년대 내전으로 어려운 시절 라이 음악은 대중의 마음을 치유하고 하나로 뭉치게 만드는 구심점이 되었다. 이러한 역사적 배경으로 알제리는 2016년에 라이 음악을 유네스코 문화유산에 등재하려고 시도했다.

알제리의 라이 음악

알베르 까뮈의 소설 속 알제리

● 알베르 까뮈

대학 시절 계절 학기에 프랑스 현대 문학 수업을 들었다. 그 수업의 교수님은 프랑스의 여러 소설을 읽는 것보다 하나의 소설을 제대로 읽는 게 더 의미가 있다고 하시면서 알베르 까뮈의 《이방인》 원서를 처음부터 끝까지 읽어보자고 하셨다. 중간고사 시험 범위는 처음부터 절반까지의 내용 중에서 일부를 발췌해 번역하는 것이었고, 기말고사는 나머지 절반 부분을 동일한 방법으로 치렀다.

한 한기에 원서 한 권을 다 읽기란 생각만큼 만만치 않았다. 솔직히 프랑스어를 전공하면서도 문학을 읽을 기회가 많지 않았고 특히 원서로 읽는 것은 더 흔치 않은 경험이었다. 그때 열심히 읽었던 책의 내용은 아직도 머릿속에 강렬하게 남아 있다.

알베르 까뮈는 알제리가 프랑스 식민 지배를 받던 시기에 알제리에서 태어났다. 아버지는 프랑스인이고 어머니는 스페인 출신인 피에누아(유럽게 알제리 이주민)였다. 그의 아버지는 알베르 까뮈가 태어난 지 얼마 되지 않아 세상을 떠났고 알베르 까뮈는 청각 장애를 앓고 있는 어머니 밑에서 자랐다. 알베르 까뮈의 집은 매우 가난했다고 한다. 그의 작품에서 보이는 알제리의 모습과 그가 세상을 바라보는 다소 냉소적인 태도는 어쩌면 그의 유년 시절에서 찾을 수 있지 않을까 싶다.

알베르 까뮈의 《이방인》 줄거리

알베르 까뮈의 소설 《이방인》의 내용을 간단하게 정리하면 이렇다.

뫼르소라는 청년이 갑작스러운 어머니의 부고를 듣고 어머니가 계시던 양로원에 간다. 하지만 뫼르소는 그다지 슬퍼하지 않는다. 그냥 그런 일이 일어났구나 하고 인지할 뿐이다. 그는 어머니의 장례가 끝나고 이웃인 레몽과 식사를 한다.

며칠 후 레몽과 해변에 놀러갔다가 아랍인을 만나 싸움이 벌어진다. 소동은 마무리되고 레몽은 뫼르소에게 총을 준다. 싸움을 벌인 아랍인을 찾아간 뫼르소는 칼에 비친 햇빛에 자신도 모르게 총을 다섯 발이나 쏴 아랍인을 죽이고 만다.

뫼르소는 법정에서 선다. 변호사는 큰 사건이 아니니 잘 넘어갈 것이라고 이야기하지만 법정에서 뫼르소가 어머니의 장례식에서도 무덤덤하게 있었으며 아랍인에게 총을 쏜 이유가 "햇빛이 눈부셔서."라고 느낀 그대로 진술하자 정신이상자로 몰리며 상황이 불리해진다. 결국 어머니 장례식 때의 일과 살인 동기로 인해 무자비한 살인범으로 판단되어 뫼르소는 사형을 선고받는다. 사형 선고 전 신부가 고해성사할 것을 제안하지만 자신의 죽음이 오히려 진실하다고 이야기하며 막이 내린다.

뜨거운 햇빛 때문에 죽였어요

그의 소설에는 알제리의 날씨를 설명하는 대목들이 있다. 어머니가 돌아가시고 난 이후 무덤까지 가는 길 뜨거운 햇빛에 대한 묘사나 뜨거운 햇빛이 비치는 알제 바닷가의 모습이 나온다. 내가 알제리에서 살아보기 전까지만 해도 소설 속의 날씨는 그저 단순한 설정에 불과하다고 생각했다. 하지만 알제리에서 두 번의 라마단을 겪으면서 느꼈던 뜨거운 햇빛 속 기억을 더듬어보니 알베르 까뮈가 이야기하고 싶었던 것들이 조금씩 이해가 되었다.

알제리의 태양은 정말 따갑도록 뜨겁다. 바닷가에 가면 눈이 아플 정도로 강한 햇빛이 내리쬐어 찡그리고 다녀야 한다. 그쯤 되면 바닷가의 모래도 맨발로 밟기에는 너무 뜨거워서 모래사장을 도마뱀처럼 뛰어다닐 수밖에 없다.

알베르 까뮈가 이야기하고 싶었던 삶의 부조리

알베르 까뮈가 《이방인》에서 이야기하고 싶었던 것은 삶의 부조리한 면에 대한 비난이다. 주인공 뫼르소가 햇빛에 눈이 부셔서 사람을 죽였다는 이유는 논리적으로 쉽게 납득이 가지 않는다. 만약 그가 어머니 장례식 이후 정신적으로 힘든 상황에서 알제리인들과 싸움이 있었고 이 때문에 자신도 모르게 총을 쏜 것 같다고 이야기했다면 어땠을까? 그리고 실제로 그렇게 생각하지도 않으면서 죄를 뉘우치고 있다고 이야기했다면 사형 판결을 받았을까? 세상은 실제 어떻게 생각하는지에 대해서 궁금한 것이 아니라 우리 사회가 원하는 대답을 말하기를 기대하고 있는 것일지도 모른다는 생각이 들었다.

알베르 까뮈는 소설을 통해 실제로 본인이 어떤 행위를 했을 때의 감정이나 상황에는 관심을 갖지 않는 사회에 대해 비판하고 있다고 생각한다. 심신미약이었다는 이유로, 반성문을 제출했다는 이유로 법적인 틀 안에서 소위 형을 줄일 수 있는 방식대로 이야기하면 형이 줄어든다. 사회가 만들어놓은 통념을 지키지 않아야 한다는 이야기가 아니라 그것을 지키기만 하면 실제로 어떻게 생각하든 간에 용서가 되는 것일까? 사회의 부조리에 대해 다시금 생각해보게 된다.

젊은 나이에 죽은 천재

1954년 알제리 독립 전쟁이 발발했다. 알베르 까뮈는 알제리 독립에 대해 프랑스 정부를 옹호했다. 다만 알제리에 자치권을 더 부여하는 방향으로 간다면 좋을 것이라고 주장했다.

그는 1960년 46세의 나이로 자동차 사고로 사망했다. 그의 사망에는 석연찮은 부분이 몇 가지 있다. 그중의 하나로 알베르 까뮈의 주머니 속에서 전철 티켓이 발견되었다는 것이다. 전철을 타려던 사람이 자동차 사고로 죽었다는 점에 의문을 품는 사람들도 있다.

어쩌면 이러한 음모론이 생기는 것도 아마 젊은 나이로 죽기에는 그의 죽음이 너무나 아쉽기 때문일 것이다.

함께 생각하고 토론하기

이슬람교를 믿는 많은 나라에서는 여성들이 히잡을 쓰고 있는 모습을
쉽게 볼 수 있습니다. 히잡 착용이 타의에 의해 강요된 것이라면 분명
개선되어야 할 것입니다. 하지만 히잡의 착용 여부는 개인의 선택에
맡겨야 하지 않을까요? 히잡을 착용하라고 강요하는 것도, 벗으라고
강요하는 것도 옳지 않습니다.

● 알제리의 문화 중에서 가장 낯설거나 우리와 다르다고 생각한
부분은 어떤 것이었나요? 우리와 다른 문화를 갖게 된 이유에 대해
이야기를 나눠봅시다.

●● 이슬람교 혹은 이슬람 문화에 대해 오해하고 있었던 것은 없
었나요? 오해를 한 이유에 대해 이야기를 나눠봅시다.

●●● 간헐적 단식을 해본 적이 있나요? 그때의 경험을 기반으로
라마단을 상상해봅시다.

5부.
여기를 가면
알제리가 보인다

한 손으로는 박수 칠 수 없다.

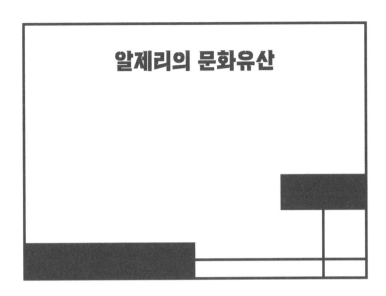

알제리의 문화유산

전 세계에 869개의 문화 유적지가 유네스코 세계 문화유산으로 등재되어 있다.[•] 그중 여섯 개가 알제리에 있다. 알제리의 문화유산은 모두 1980~1990년대 등재되었는데 만약 알제리 정부가 문화유산에 좀 더 관심을 갖고 노력했다면 더 많은 문화유산이 등재되었을 가능성이 높다.

알제리의 문화유산은 오랜 역사와 가치가 있음에도 유지 보수가 잘 이루어지지 않아 조금씩 훼손되고 있다. 여기서는 알제리의 중요한 문화유산을 살펴보자.

• 한국은 총 13개가 등재되어 있다.

알제의 카스바

카스바는 10세기 즈음 지어진 건축 양식이자 도시 형태로 북부 아프리카를 대표하는 건축 양식이다. 16세기와 17세기 북부 아프리카부터 안달루시아까지 아우르는 문화권에서 알제의 카스바는 독특한 도시 형태로 각 지역에 영향을 주었다. 카스바는 오스만 투르크의 양식을 보존하고 있으면서 전통적 도시의 구조를 잘 보여주는 건축물이다.

카스바라는 것은 단순히 하나의 건물을 의미하는 것이 아니라 하나의 군락을 이루고 있는 도시의 거주 형태 전체를 아우르는 말이다. 알제의 카스바의 경우 하나의 언덕을 끼고 아래쪽과 위쪽으로 크게 두 개의 군락을 이루고 있다. 카스바 안에는 약 5만 명 정도가 거주하고 있으며 이슬람 사원, 공중목욕탕, 시장 등 도시를 이루는 여러 요소가 모두 포함되어 있다.

북부 아프리카 지역은 종종 지진의 영향을 받는다. 이로 인해 카스바 지역은 오랜 시간 동안 변형되었지만 여전히 고유의 형식을 보전하고 유지하고 있다.

카스바가 유명해진 배경에는 알제리 독립 전쟁 당시 민족해방전선의 피난처 역할을 한 것이 크다. 프랑스군과의 전투에서 복잡한 카스바의 전통 가옥으로 이어진 골목길은 흡사 미로와 같아서 게릴라전에 최적화되었다고 한다.

카스바의 집 구조는 독특하다. 건물 중심부에는 파티오라고

● 카스바는 집들이 다닥다닥 붙어 있으며 좁은 골목으로 이어진다. 건물 내부는 가운데 안
마당을 중심으로 둘러싼 형태이다.

불리는 안뜰이 있고 이를 기준으로 가운데를 비우고 건물을 올리는 방식이다. 하나의 건물 안에 많게는 네 가족이 안뜰을 공유하며 함께 살았다고 한다.

로마 유적이 살아 있는 티파자

알제에서 살아본 사람들이라면 누구나 한 번쯤은 티파자라는 도시를 방문한다. 티파자는 알제에서 차로 한 시간 조금 넘게 떨어져 있는 곳으로 아름다운 해안가 마을이다.

이곳에 놀러가는 이유는 가는 길에 있는 수산 시장에 들러서 맛나고 신선한 해산물 요리를 먹기 위한 것도 있지만 주목적은 로마 시대 유적을 보기 위해서이다. 알제리에 로마 유적이 있다는 이야기가 의아하지만 북부 아프리카와 이탈리아는 지리적으로 가깝다. 로마 시대 유적이 이곳 북부 아프리카까지 남아 있는 걸 보면 로마가 얼마나 거대한 제국을 이루었는지 또 한 번 놀라게 된다.

티파자는 1982년 유네스코 세계 문화유산에 등재되었다. 모리타니아 왕국, 로마, 비잔틴 등 이 지역을 지배했던 사람들은 바뀌었지만 그 흔적은 그대로 남아 문화유산이 되었다.

지금은 로마 시대 유적의 흔적만 남아 있지만 그것을 통해 이 지역에 있었던 거대한 건물들을 상상해볼 수 있다. 만약 이

● 티파자 로마 시대 유적

지역을 잘못 개발해서 문화유산 위에 복원이라는 이름으로 또다른 건물을 세웠다면 상상을 통해 로마를 바라보는 경험은 할 수 없었을 것이다.

티파자에서 신기했던 것은 바닥에 꽤 많이 남아 있는 모자이크 타일과 수로였다. 인간의 삶을 윤택하게 만들어준 가장 큰 시설물이 있다면 상수도와 하수도 시설일 것이다. 로마 시대 건물들이 가지고 있는 이러한 시설을 보면 2,000년이라는 시간이 무색할 정도로 놀랍기만 했다.

사하라 북부의 음자브 계곡[56]

음자브 계곡은 사하라 사막이 시작되는 사하라 북부에 위치해 있으며 알제에서 약 550킬로미터 떨어져 있다. 이곳에는 20만여 명 정도가 살고 있다. 음자브는 드물게 발생하는 범람으로 인해 '빗물받이'라는 뜻에서 기원했다고도 하고 베르베르족의 한 민족인 모자비트족에서 파생했다고도 전해진다. 실제로 이곳에 사는 사람들의 말은 모자비트족의 언어와 상당히 유사하다.

음자브 지역은 매우 더운데 특히 여름에는 최대 50도까지 올라간다. 식생을 거의 찾아볼 수 없지만 일부 작은 하천 인근에서 볼 수 있기는 하다.

● 음자브 계곡

약 8세기쯤부터 이곳에 사람들이 살기 시작했으나 열악한 기후 조건으로 실제로 정착해서 산 것은 11세기 이후로 보고 있다. 음자브 계곡의 도시는 이러한 혹독한 자연환경에 적응하기 위해 설계되었고 이를 인정받아 유네스코 문화유산에 등재되었다.

이곳은 살기에 척박하지만 주변에서 오는 공격을 방어하기에는 용이했다. 그래서 요새를 건설해 성벽으로 방어했고 도시 내부에는 이슬람 사원을 비롯해 도시에 필수적인 요소들을 추가했다.

프랑스의 유명한 건축가인 르 코르뷔지에*Le Corbusier*는 음자브 계곡 지역의 건축물을 보면서 다양한 영감을 얻었다고도 한다. 이 지역의 단순하면서도 실용적인 건축 양식이 르 코르뷔지에의 현대적 건축과 닮아 보이기도 한다.

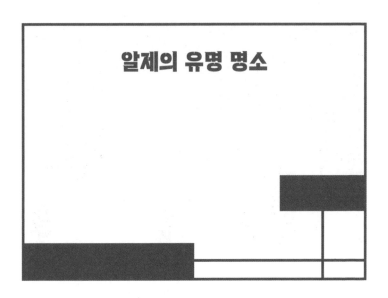

알제의 유명 명소

영원한 불꽃, 알제리 독립기념탑

알제에 도착하면 알제리 독립기념탑이 제일 먼저 눈에 들어온다. 정식 명칭은 '메모리알'이지만 흔히들 '모뉴멍'이라고도 부른다. 1982년 독립 20주년 기념으로 지어진 건물로 높이가 92미터이다. 아파트 한 층의 높이가 대략 2.6미터인 것을 감안했을 때 35층 아파트에 맞먹는 크기이다. 그래서 실제로 보았을 때의 중압감은 상당하다. 특히나 인근에 건물이 없고 탁 트인 광장에 서 있는 독립기념탑을 보면 알제리 사람들에게 얼마나 의미 있는 건물인지 느낄 수 있다.

알제의 상징과 같은 알제리 독립기념탑이 알제리 사람들에

● 알제리 독립기념탑 앞에는 큰 광장이 있다.

게 큰 의미를 갖고 있는 것은 길고 긴 프랑스 식민 역사의 끝이
자 알제리 독립 전쟁의 끝을 의미하기 때문일 것이다. 알제리
독립기념탑은 세 개의 기둥으로 구성되어 있는데 각 기둥은 알
제리 역사의 세 가지 축-알제리 식민 시절 저항의 역사, 독립을 위
한 전쟁의 역사, 마지막으로 앞으로의 미래-을 보여준다.

알제리의 독립사에서 한국의 모습이 그려졌다. 일제 강점기

를 거쳐 해방되기까지 얼마나 많은 독립투사가 조국의 독립을 위해 싸워 왔는지 떠올랐다. 아프리카의 여러 나라가 2차 세계 대전 이후 한국의 눈부신 경제 성장에 관심이 많은 것은 같은 식민 지배의 아픔을 겪었음에도 이를 이겨내고 성장하는 모습 때문일 것이다.

타잔공원 자흐당 데쎄

어느 나라 어느 도시든 여행을 가면 공원을 먼저 찾는 편이다. 공원에 가면 그 나라 사람들이 여가 시간을 어떻게 보내는지 볼 수 있기 때문이다.

예를 들어 프랑스 파리의 경우 공원에 가면 한적한 느낌보다는 바쁜 일상을 피해 잠시 휴식하러 온 사람이나 관광객이 많다는 느낌을 받는다. 또 프랑스 서부의 헨느라는 도시에 가면 수업을 마치고 쉬고 있는 학생들로 공원이 가득하다. 공원은 모두에게 있어서 휴식의 공간이지만 분명 그 지역에 어떤 사람들이 사느냐에 따라 분위기가 많이 바뀐다.

알제리에서 가장 유명한 공원은 알제의 자흐당 데쎄*Jardin d'essai du Hamma*이다. 흔히 이곳을 '타잔공원'이라고 부르는데 지금으로부터 거의 90년 전인 1932년 이곳에서 〈타잔〉이라는 영화를 찍었기 때문에 붙여진 별명이라고 한다.

타잔공원에서 올려다보면 독립기념탑이 보인다.

타잔공원이라고도 부르는
자흐당 데쎄

공원을 가득 채우고 있는 수많은 나무는 영화 〈타잔〉의 밀림과 쏙 빼닮았다. 이 공원의 나무는 이곳이 정말 시내에 있는 공원이 맞을까 싶을 정도로 크고 웅장하다. 그도 그럴 것이 이 공원은 290년의 역사를 갖고 있기 때문이다.

정확하게 말하자면 타잔공원은 공원이 아니라 식물원이다. 1832년에 만들어진 타잔공원은 북부 아프리카의 식생을 보존하기 위한 목적으로 만들어진 곳이다. 세계적으로도 손에 꼽힐 만큼 큰 식물원이다. 이곳에는 식물원뿐 아니라 동물원도 함께 있다.

타잔공원의 입장료는 1인당 150디나르인데 동물원까지 가려면 80디나르만 추가하면 된다. 우리나라 돈으로 치면 대략 2,000원도 채 되지 않는 금액이다. 이슬람 문화권인 알제리에서는 입장권을 사려면 남자와 여자가 서로 다른 줄을 서야 한다.

알제리의 공원은 정말 한적하다. 주말에 놀러가면 주로 아이들을 데리고 나온 가족들이 산책하고 있다. 알제리는 아이를 많이 낳는 편이라서 공원에 온 가족들을 보면 적어도 두세 명의 아이가 있는 것 같다. 어느 나라를 가나 아이들은 순수하고 궁금증이 많다. 특히 이곳의 아이들은 좀 더 특별한 것 같다는 생각이 들었다.

없는 거 빼고 다 있습니다! 알제 오월시장

시장을 방문하는 것만큼 현지의 분위기를 잘 알 수 있는 방법은 없다. 알제에서 사람들이 가장 많이 가는 시장은 오월시장이다. 오월시장은 5월 1일 노동절을 맞이해 만들어진 광장에 위치한 시장으로 현지에 살고 있는 한인들이 오월시장이라고 부른다.

이곳은 크게 해산물과 농산물을 파는 시장으로 구분되는데 농산물 시장 쪽에 가면 아시아 물건을 파는 곳이 있어서 운이 좋다면 재고가 남아 있는 한국 식자재를 종종 구할 수 있다.

시장 자체도 크지만 판매 품목이 중복되는 경우가 많다. 하지만 신선한 재료를 값싼 가격에 구입할 수 있어서 흥정에 익숙하고 현지 물가에 대해 어느 정도 알고 있는 사람이라면 일반 마트에서 구매하는 것보다 좋다.

아프리카의 노트르담 성당

인구의 99퍼센트가 이슬람교도인 알제리에도 성당이 있다. 아프리카 노트르담 성당은 1872년 지어진 건축물로 문화적 혼합과 종교 공존의 상징이라고 불린다.

노트르담 성당은 2차 세계대전 때 소실되었다가 다시 지어

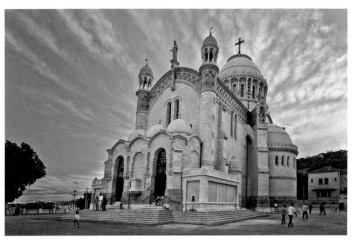

● 아프리카 노트르담 성당

졌다. 성당의 비문에는 '성모님 우리 신자들과 이슬람교도를
위해 기도한다'는 내용이 적혀 있을 정도로 두 종교 간의 화합
을 상징하는 건물이다.

이 성당은 바다가 내려다보이는 124미터 높이의 곳에 지어
졌는데 지중해를 중심으로 마르세유의 노트르담 성당이 마주
보고 있어서 이 두 성당을 자매 성당이라고 부르기도 한다.[57]

함께 생각하고 토론하기

지금은 익숙하지만 1995년 이전까지만 해도 우리나라에 유네스코 세계 문화유산이 하나도 없었습니다. 1995년에 석굴암, 불국사, 팔만대장경, 종묘를 시작으로 지금은 총 열세 개의 문화유산과 두 개의 자연유산을 가지고 있습니다. 알제리에도 여섯 개의 유네스코 문화유산이 있습니다. 하지만 2000년 이후로는 하나도 선정되지 못했습니다. 문화유산은 관심을 통해 발굴해나갈 수 있습니다. 앞으로 새롭게 선정될 알제리 문화유산을 기대해봅니다.

● 알제리에서 가장 가보고 싶은 곳은 어디인가요? 그 장소와 이유를 이야기해봅시다.

●● 알제리인들에게 한국을 소개한다면 어디를 이야기해주고 싶나요? 장소와 그 이유에 대해 이야기해봅시다.

알제리에 부는 K-컬쳐

한국에서 알제리를 떠올리기란 쉽지 않다. 우선 알제리를 다녀온 사람 자체가 많지 않다 보니 낯설게 느껴진다. 옆 나라 모로코만 해도 여행 후기를 심심치 않게 볼 수 있지만 알제리는 여전히 베일에 싸인 것만 같다. 휴가를 나와 지인들을 만나면 아프리카는 어떠냐면서 기린은 봤냐고 물어보는 경우가 종종 있었다. 아프리카라고 하면 아직까지도 동물이 먼저 떠오르는 것은 어쩔 수 없나 보다. 조금이라도 알제리를 아는 사람들은 사막은 어떠냐고 물어보기도 하는데 그들에게 알제리 북부가 지중해를 끼고 있다고 말하면 놀라기도 한다.

알제리에서 또한 한국이라는 나라에 대해서 잘 알지 못한다. 알제리 사람들은 동양인을 만나면 열 명 중 8~9명은 "니하오." 혹은 "곤니찌와."라고 외친다. 그나마 최근 들어 케이팝으로 인해 한국을 떠올리는 사람도 생겼지만 여전히 한국을 북한으로 오해하는 경우가 많다. 그만큼 알제리와 한국의 접점이 많지 않은 것이 사실이다.

한국과 아프리카 나라들이 좀 더 가까워진 것은 2006년부터이다. 이때 이집트, 알제리, 나이지리아 3개국을 방문하면서 노무현 전 대통령이 '아프리카 개발을 위한 한국의 이니셔티브'를 발표한 후 아프리카 지역에 대한 관심이 본격적으로 시작되었다. 이 기간 동안 양국이 서로 국빈 방문을 할 정도로 좋은 관계를 유지했고 대규모 건설 프로젝트 수주로까지 이어졌다. 이처럼 크고 작은 한국 기업들이 알제리에 가서 사업을 시작하면서 관계가 조금씩 가까워지는 듯 했다.

그러나 알제리와 한국의 관계는 유가 하락과 알제리 내부 사정 등 대내외적인 악재로 인해 현재는 잠시 주춤하다. 또한 코로나19라는 변수로 당분간 아프리카 나라들은 국가 내부적 안정을 취하기 위해 시간이 더 필요할 것으로 보인다.

글을 다 쓰고 다시 한 번 세계 지도를 보았다. 한국에서 알제리까지 손으로 주욱 이어봤다. 이미 멀다는 건 알고 있었지만 참 멀다는 생각이 들었다.

사실 알제리에서 한국을 찾는 것은 어렵지 않다. 알제리 사람들은 한국 브랜드의 휴대 전화나 가전제품을 많이 사용하고 거리에서도 한국 차를 심심치 않게 만나볼 수 있다. 젊은 세대들의 문화에서는 케이팝이나 K-드라마가 동양을 대표하는 문화 콘텐츠로 자리 잡았다. 아직 많은 알제리 사람에게 한국은 낯선 나라이지만 그래도 알제리 사람들의 삶 속에 우리나라가 어느 샌가 깊숙이 자리 잡았다.

알제리에 대해서 기본 정보부터 알제리 사람들의 모습, 역사와 문화 등 전반적으로 살펴본 후 알제리의 어떤 모습이 제일 먼저 떠오를지 궁금하다. 알제리의 귀여운 마스코트 사막여우가 떠오르는 사람도 있을 것이고 베르베르족에 대한 이야기가 떠오를지 모르겠다. 아내는 알제리 인사를 소개하는 부분을 본 후 나에게 "호야"라고 귀엽게 불러주기도 했다.

프랑스의 식민 지배를 받고 오랜 시간 독립을 위해 싸운 알제리의 역사가 우리나라의 역사와 비슷해 좀 더 흥미를 가지게 되었을 수도, 이슬람이라는 낯선 종교를 믿고 살아가는 모습을 통해 무슬림에 대한 오해와 선입견이 덜해졌을 수도 있다.

이 책을 통해 알제리에 대해 조금 더 관심을 갖고 말할 수 있기를 바라며 알제리에 조금 더 다가갈 수 있는 작은 기회의 장이 되기를 바란다.

감사의 말

나와 알제리를 함께한 민재 누나, 현진이 누나, 이준호 책임님, 박준호 선임, 부족한 나를 응원해주는 호준이, 정환이, 희성이, 태석이, 영욱이, 희웅이, 강피디님, 햇살이형, 재희형, 구파발 친구들 샛별님, 키란님, 소정님, 도연님, 다영님, 사랑하는 우리 가족 어머니, 아버지, 장모님, 장인어른, 누나, 형님, 패트와 보근이, 뭉이, 앞으로 태어날 우리 아들 유하와 언제나 든든한 버팀목이 되어주는 사랑하는 예은이에게 말로는 다 표현할 수 없는 고마운 마음을 전합니다.

1 iki Emblème de l'Algérie https://fr.wikipedia.org/wiki/Embl%C3%A8me_de_l%27Alg%C3%A9rie

2 ue connaissez-vous de Kassaman ? [archive], L'Expression, 18 novembre 2007

3 arte du climat en Algérie selon la classification de Köppen [archive], sur fr.maps-algeria.com (consulté le 11 avril 2020)

4 uillaume Séchet, Alexandre Slowik, Remontée massive de poussières de sable du Sahara (sirocco) en France en cette mi-mars 2022 [archive], Météo Paris, 14/03/2022.

5 정숙, 김양주, 임기대, 북아프리카지역에서의 부족 집단 간 갈등 양상에 관한 기초 연구: 마그레브지역의 베르베르족을 중심으로 2011

6 황의 평화 메시지와 무슬림의 "앗쌀람", 공일주 중동아프리카연구소 소장 〈재외동포신문〉 https://www.dongponews.net/news/articleView.html?idxno=43769

7 "World Bank Group". openknowledge.worldbank.org. Retrieved 2017-04-04.

8 Ginette Aumassip (en), L'Algérie des premiers hommes, Paris, Éditions de la Maison des sciences de l'homme, 2001, 224 p. (ISBN 978-2-7351-0932-6, présentation en ligne [archive]), p. 37-44.

9 R. Kéfi, A. Stevanovitch, E. Bouzaid, E. Béraud-Colomb, 《Diversité mitochondriale de la population de Taforalt (12 000 ans BP - Maroc): une approche génétique à l'étude du peuplement de l'Afrique du Nord》, Anthropologie, Volume 43/1, 2005, p. 1-11 (résumé [archive])

10 History, Captivating (2019). "The Phoenicians: A Captivating Guide to the History of Phoenicia and the Impact Made by One of the Greatest Trading Civilizations of the Ancient World". Captivating History.

11 Claude Lepelley, 《Numides》, Encyclopædia Universalis, 2017

12 시오노 나나미, 《로마인 이야기 2 : 한니발 전쟁》

13 《죽기 전에 알아야할 세계사 1001 장면 : 한니발의 제자, 스키피오 아프리카누스 (1,2부)》 https://blog.daum.net/uesgi2003/691?category=10755

14 Gilbert Meynier, L'Algérie des origines : de la préhistoire à l'avènement de l'Islam, Paris, La Découverte, 2007

15 Gilbert Meynier, L'Algérie, cœur du Maghreb classique : De l'ouverture islamo-arabe au repli (698-1518), Paris, La Découverte, 2010

16 Lutz van Dijk, Die Geschichte Afrikas, 안인희 역, 《처음 읽는 아프리카의 역사》 (서울: 웅진씽크빅, 2005), 16.

17 Gilbert Meynier, L'Algérie, cœur du Maghreb classique : De l'ouverture islamo-arabe au repli (698-1518), Paris, La Découverte, 2010

18 Ammara Bekkouche, L'ALGERIE, histoire, société et culture. Ouvrage collectif

sous la coordination de Hassan Remaoun, 2000

19 외교부 알제리 개황 2018

20 L'Obs Hors-série N° 110 : L'Algérie coloniale-1830-1962, 2022

21 칼 마르크스, 《알제리에서의 편지 마르크스 최후의 서한집》 2011

22 최후의 저항자 '압델 카데르', 정원경 2017, https://brunch.co.kr/@wonchu/7

23 Olivier Le Cour Grandmaison, Coloniser, Exterminer : Sur la guerre et l'État colonial, Paris, Fayard, 2005

24 La France et l'Algérie - Deux siècles d'histoire | Le Point Hors-série 2022

25 Karim El Hadj et Elisa Bellanger, Pourquoi la guerre d'Algérie a éclaté : aux origines de la colère 2022, https://www.lemonde.fr/afrique/video/2022/03/16/guerre-d-algerie-les-origines-profondes-de-la-colere_6117781_3212.html

26 L'Histoire collection No 95, Les tragédies algériennes - 1830-2022, 2022

27 L'Obs Hors-série N° 110 : L'Algérie coloniale - 1830-1962, 2022

28 김정숙, 김양주, 임기대, 북아프리카지역에서의 부족 집단 간 갈등 양상에 관한 기초 연구: 마그레브지역의 베르베르족을 중심으로 2011

29 노서경, 《하르키(Harkis) 문제: 사라진 증언들》 2011

30 "Ahmed Ben Bella". Daily Telegraph. 12 April 2012. ISSN 0307-1235. Retrieved 9 February 2018.

31 L'Obs Hors-série N° 110 : L'Algérie coloniale - 1830-1962, 2022

32 République algérienne, 7 mars 2016 (consulté le 7 mars 2016)

33 《Algérie : le jour où Boumédiène a failli rejoindre Kennedy》 [archive], sur Jeune Afrique, 11 août 2015

34 Ammara Bekkouche, L'ALGERIE, histoire, société et culture. Ouvrage collectif sous la coordination de Hassan Remaoun, 2000

35 박찬기, 아랍의 사계절: '아랍의 봄'의 원인, 진행 및 그 결과에 관한 연구, 2013

36 임기대, 모로코와 알제리에서의 '히락'과 베르베르 정체성에 관한 연구, 2020

37 외교부 알제리 개황 2018

38 Philippe Sénac et Patrice Cressier, Histoire du Maghreb médiéval : VIIe-XIe siècle, Armand Colin, 10 octobre 2012

39 "The World Factbook-Algeria". Central Intelligence Agency. 4 December 2013. Retrieved 24 December 2013.

40 난민인권센터, 이슬람에 대한 우리들의 다섯 가지 오해와 편견들 2019 https://nancen.org/1971

41 강훈상 기자, "집에서 기도"…코로나19 속 이슬람권 라마단 24일 시작, 연합뉴스 2020 https://www.yna.co.kr/view/AKR20200424006100111

42 보코하람의 뜻은 '서양의 것은 금지된다'라는 의미이다.

43 KOTRA, 할랄 가이드 ② 할랄과 하람 2021, https://dream.kotra.or.kr/
    kotranews/cms/news/actionKotraBoardDetail.do?SITE_NO=3&MENU_
    ID=410&CONTENTS_NO=1&bbsGbn=242&bbsSn=242&pNttSn=189229
44 중앙일보 Special Knowledge 〈603〉 할랄식품 https://www.joongang.co.kr/
    article/19241657
45 타밈 안사리, 《이슬람의 눈으로 본 세계사》, 뿌리와이파리 2011
46 위키백과 https://fr.wikipedia.org/wiki/Mawlid
47 최인호, 《이슬람 여성의 복장, 히잡에서 부르카까지》 http://www.ohmynews.
    com/NWS_Web/View/at_pg.aspx?CNTN_CD=A0002768215
48 중앙일보, 佛 이어 스위스도 '부르카 금지법' … "위반시 최고 1200만원 벌금"
    2021, https://www.joongang.co.kr/article/24007117
49 한국일보, 히잡 안 쓰는 무슬림 여성들 "히잡은 억압 아닌 선택" 2020, https://
    www.hankookilbo.com/News/Read/A2020071415030005684
50 Dzairdaily, Algérie : Zakat El-Fitr fixée à 120 dinars (Ramadan 2021) https://
    www.dzairdaily.com/algerie-zakat-el-fitr-fixee-120-dinars-ramadan-2021/#:~:-
    text=En%20effet%2C%20le%20minist%C3%A8re%20des,kg)%20de%20nourrit-
    ure%20des%20Alg%C3%A9riens.
51 박단, 피에누아, 《또 하나의 알제리 이주민》, 2022 https://contents.premium.
    naver.com/dahnhistory/knowledge/contents/220304153714412rj
52 Guy Pervillé, 《Pour en finir avec les Pieds-noirs !》 sur guy.perville.free.fr,
    colloque 《Les mots de la colonisation》, 2004
53 Fatima Besnaci-Lancou, Les Harkis : dans la colonisation et ses suites, Ivry-sur-
    Seine, L'Atelier, 2008
54 Wiki, Mariage en Algérie https://fr.wikipedia.org/wiki/Mariage_en_
    Alg%C3%A9rie#:~:text=Le%20mariage%20comporte%20deux%20
    c%C3%A9r%C3%A9monies,des%20biens%20est%20la%20r%C3%A8gle.
55 Britannica 사전, Kabyle https://www.britannica.com/topic/Kabyle-people
56 유네스코 문화유산 음자브 계곡, https://heritage.unesco.or.kr/%EC%9D%8C%E
    C%9E%90%EB%B8%8C-%EA%B3%84%EA%B3%A1/?ckattempt=1
57 lefigaro, Notre-Dame d'Afrique retrouve la lumière 2010, https://www.lefiga-
    ro.fr/blogs/algerie/2010/12/-depuis-150-ans-quelle.html

사진 출처

p16   자크 데리다 ⓒGetty Images, Ulf Andersen
　　　　이브 생 로랑 ⓒGetty Images
　　　　알베르 까뮈 ⓒMagnum, Henri Cartier Bresson
　　　　지네딘 지단 ⓒTNA, Hadi Abyar
p22   ⓒPixabay
p35   ⓒYazid Chemmak
p37   무프디 자카리아 ⓒAlgerie360
p53   ⓒRATP
p54   ⓒBoumlik Messali
p55   산타크루즈 성당의 성모상 ⓒVatekor,
　　　　산타크루즈 성당 ⓒAissou micipsa
p57   시디엠시드 다리 ⓒAbdelmadjid Louadfel
　　　　다리 건설로 협곡에 생겨난 도시 ⓒAchMdrd
p59   ⓒAixabdennour
p61   ⓒDan Sloan
p64   ⓒKamel Lebtahi
p68   ⓒalioueche mokhtar
p70   ⓒLofy40
p71   ⓒMarie-Agnes COLLIN
p72   ⓒJustinsoul on the road
p75   ⓒad1661
p84   ⓒhabib kaki
p94   ⓒStatista
p100   ⓒyacine ferradj
p102   ⓒFIFA
p110   ⓒM.D.S.A.
p113   ⓒFlickr
p115   ⓒGerard BEYTOUT
p117   ⓒL'Observateur
p119   ⓒVibeke Vangen
p138   ⓒUNESCO
p142   ⓒCopenhagen, New Carlsberg Glyptotek
p148   ⓒbernjan

p151 ⒸAnnaba.net
p153 Ⓒalgerienetwork
p160 ⒸMinistre algrien des Moudjahidines
p161 ⒸAFP
p162 ⒸAFP
p169 ⒸSaber68
p172 Ⓒ로이터
p174 몬트리올에서 진행된 허락의 모습 ⒸAFP
p177 Ⓒ노무현사료관
p187 ⒸRadio Algerienne
p193 ⒸRadio Algerienne
p198 ⒸPinterest
p200 ⒸAfrik
p204 ⒸAl Arabiya
p208 Ⓒ주알제리대한민국대사관
p210 ⒸGetty Keystone France
p215 Ⓒplanetefemmes
p217 ⒸRainer Zenz
p219 하리라와 같이 먹는 슈바키야 Ⓒyabiladi
p225 ⒸLe Monde
p226 ⒸMadhif
p229 ⒸAlgerietour Free
p232 Ⓒ Jean-Luc LUYSSEN via Getty Images
p234 ⒸAbdelhalim oukazi
p238 ⒸAPS
p240 ⒸUnited Press International
p253 ⒸFrancis Tack, 유네스코
p260 Ⓒ아프리카 노트르담 성당 공식 홈페이지

※ 출처 표기 없는 사진은 저자가 직접 촬영한 사진입니다.

나의 첫 다문화 수업 06
있는 그대로 알제리

초판 1쇄 발행 2022년 11월 10일

지은이 박연구원

기획편집 도은주, 류정화
SNS 홍보·마케팅 박관홍
표지 일러스트 엄지

펴낸이 윤주용
펴낸곳 초록비책공방

출판등록 2013년 4월 25일 제2013-000130
주소 서울시 마포구 월드컵북로 402 KGIT 센터 921A호
전화 0505-566-5522   팩스 02-6008-1777

메일 greenrainbooks@naver.com
인스타 @greenrainbooks @greenrain_1318
블로그 http://blog.naver.com/greenrainbooks
페이스북 http://www.facebook.com/greenrainbook

ISBN 979-11-91266-59-7 (03930)

어려운 것은 쉽게 쉬운 것은 깊게 깊은 것은 유쾌하게

초록비책공방은 여러분의 소중한 의견을 기다리고 있습니다.
원고 투고, 오탈자 제보, 제휴 제안은 greenrainbooks@naver.com으로 보내주세요.